Theodor Stromer

Bornholm

Reisebeschreibung und Touristenführer

Theodor Stromer

Bornholm

Reisebeschreibung und Touristenführer

ISBN/EAN: 9783954272211
Erscheinungsjahr: 2012
Erscheinungsort: Bremen, Deutschland

© maritimepress in Europäischer Hochschulverlag GmbH & Co. KG, Fahrenheitstr. 1, 28359 Bremen. Alle Rechte beim Verlag und bei den jeweiligen Lizenzgebern.

www.maritimepress.de | office@maritimepress.de

Bei diesem Titel handelt es sich um den Nachdruck eines historischen, lange vergriffenen Buches. Da elektronische Druckvorlagen für diese Titel nicht existieren, musste auf alte Vorlagen zurückgegriffen werden. Hieraus zwangsläufig resultierende Qualitätsverluste bitten wir zu entschuldigen.

Die Insel Bornholm.

Reisebeschreibung und Touristenführer.

Von

Th. Stromer.

(Mit 1 Karte und 5 Illustrationen.)

Berlin 1877.
E. Bichteler & Co.
Hofbuchhandlung.

Inhalt.

	Seite
Einleitung	1—8
Hinreise: — Von Swinemünde nach Kopenhagen. — Kopenhagen. — Von Kopenhagen nach Rönne	9—21

Bornholm.

I. **Rönne.** — Erster Eindruck. — Bornholmer Miliz. — Civil-Verwaltung . . . . 22—25

II. **Von Rönne nach Allinge.** — Sandflugten. — Runenstein. — Hasle. — Bergwerk. — Brandstellen. — Ruths-Kirche. — Schwedische Pietisten . . . . 25—29

III. **Allinge.** — **Die Jons-Kapelle.** — Sandvig. — Hammersee. — Hammer. — Ruinen von Hammershuus. — Vang . . . . 29—39

IV. **Im nassen Ofen.** — Das Paradiesthal . . . . 39—46

V. **Hammershuus.** — Sage und Geschichte („Die schwedische Vesper") . . . . 46—59

VI. **Einige Bornholmer Bräuche.** — „Das Scheuerfest". — Heirathen. — Ehescheidungen . . . . 59—64

VII. **Von Allinge über Gudhjem nach Svanike.** — Dyndalen (Amtmandssteen). — Helligdommen. — Rö-Kirche. — Ein Sage. — Ertholmene (Christiansholm, Frederiksholm, Graesholm). — „Randklöveskaaret". — „Luiselund" (Bautasteine) . . . . 64—78

VIII. **Svanike.** — **Nexö.** — **Aakirkeby.** — Runenstein. — Komische Anekdote. — Helvedesbakkerne. — Paradiisbakkerne. — Gamleborg. — Rokkesteen. — „Gryet". — Frederikssteinbruch bei Nexö. — Ein Blatt Geschichte. — Snogebæk. — Rettungs-Apparat. — Die Südküste. — Die Pouls- und die Peders-Kirchen. — Der Rispebjerg. — Bonavede (Sage). — Eine Bekanntschaft. — Die Aakirche mit ihren Merkwürdigkeiten . . . . . . 78—87

IX. **Almindingen.** — Der „Luisenbaum". — Gamleborg und die Sage von den „drei Ritterjungfrauen". — „Ekkodalen". — „Ritterknægt". — „Kongemindet". — Christianshöhe nebst Denkmal. — Ein Abenteuer . . . . 87—93

X. **Rönne.** (Schluss.) — Nykirke. — Eine Terracotten-Fabrik. — Archäologische Funde — Der Rönner Friedhof. — Bericht über ein Seegefecht bei Rönne i. J. 1563. — Rückreise . . . . 93—97

	Seite
Touristenführer	98—99
Sprachführer	100—109
Illustrationen:	
Der nasse Ofen	43
Helligdommen	67
Partie des Hammerberges	32
Randklöveskaaret	73
Schlossruine Hammershuus	33
Karte von Bornholm.	

Orts- und Sachregister.

	Seite		Seite
Aakirke	86	Jons-Kapelle . .	37
Aakirkeby . . .	84	Kongeminded . .	89
Allinge . . .	29	Kopenhagen . .	15
Almindingen	25 u. 87	Luisenbaum . .	87
Amtmandssteen .	65	Luiselund . . .	75
Bautasteine . . .	75 u. 81	Militärverwaltung	24
Bergwerk . . .	26	Nexö	81
Bonavede . . .	83	Nykirke	93
Bornholm . .	22	Ofen (Höhlen) . .	36. 42. 68
Bornholm's Name	4	Oles-Kirche . .	65
Brandstellen . .	27	Ostermarienkirche	88
Christianshöi . .	89	Paradiisbakkerne	81
Christiansholm .	71	Paradiesthal . .	36. 41
Civilverwaltung .	25	Pederskirche . .	83
Dannergrotte . .	89	Poulskirche . . .	83
Dyndalen . . .	65	Randklöveskaaret	72
Ekkodalen . . .	89	Rettungs-Apparat	83
Ertholmene . .	71	Rispebjerg . . .	83
Frederiksholm . .	71	Ritterknægt . .	89
Frederikssteinbruch . . .	81	Rokkesteine . .	81. 89
Gamleborg . . .	81 u. 88	Runensteine . .	26. 79. 87. 94
Geschichtliches .	48—58. 82 u. 96	Ruthskirche . .	27
Graesholm . . .	71	Sagen	5. 48. 70. 84. 88
Gryet	81	Sandflugten . . .	26
Gudhjem . . .	70	Schwedische Vesper	50
Hammer	34	Snogebæk . . .	83
Hammershuus . .	34. 46	Südküste der Insel	83
Hammersee . . .	34	Svanike	78
Hasle	26	Terracotten-Fabriken	93. 98
Helligdommen . .	66	Vang	37
Hellige Kilde . .	68	Ystadt	20
Helvedesbakkerne	81		

Einleitung.

Das vorliegende Buch enthält die Beschreibung einer Reise nach Bornholm, welche ich im Monat August vorigen Jahres gemacht habe.

Die Veröffentlichung hat einen doppelten Zweck: einerseits ist sie bestimmt, die Aufmerksamkeit der Leser auf eine in Deutschland bisher wenig mehr als dem Namen nach bekannte, aber für Naturfreunde, Künstler und Gelehrte gleichwohl höchst interessante Insel zu lenken; andererseits soll sie den Reisenden als Führer dienen.

Was die Darstellung betrifft, so wählte ich die erzählende Form, weil ich manche der erhaltenen Eindrücke mit ihren Consequenzen der Mittheilung nicht unwerth hielt und das Gesehene und Erlebte möglichst lebendig zu schildern wünschte. Ob und in wie weit es mir gelungen, dieser meiner Aufgabe gerecht zu werden, möge der geneigte Leser aus der Folge beurtheilen. —

Wie in Deutschland so hat auch in Dänemark das Dichterwort:

>„Was willst Du in die Ferne schweifen?
>Sieh', das Gute liegt so nah!"

seine volle Berechtigung. Noch bis in die neueste Zeit hinein wurden hauptsächlich Schweden und Norwegen von den dänischen Vergnügungsreisenden besucht, während das nahe liegende, an Naturschönheiten und archäologischen Merkwürdigkeiten so reiche Bornholm fast unbeachtet blieb. Erst in den letzten Jahren hat man das Gute im eigenen Hause entdeckt und beginnt, freilich etwas spät, seinen Werth zu schätzen.

Bornholm, eine dänische Insel von $10^{3}/_{5}$ Quadratmeilen Grösse, liegt zwischen $55^{o}\,17'\,30''$ und $54^{o}\,59'\,15''$ nördlicher

Breite und 2° 08' und 2° 35' östlicher Länge — 24 Meilen südöstlich von Kopenhagen, 18 Meilen nördlich von Swinemünde und ca. 12 Meilen nordwestlich von Kolberg. Der Gestalt nach eine Rhomboide, deren Langseiten von WNW. nach OSO. streichen, unterscheidet sich diese Insel vom übrigen Dänemark besonders durch ihre geonomische Beschaffenheit, denn ihrer Bauart nach gehört sie zu Skandinavien, während Dänemark gewissermassen den nördlichen Ausläufer der mitteleuropäischen Ebene bildet. Bornholm ist ein Felsplateau, das im Süden aus Sandstein- und Schieferschichten, im Norden aus Granitlagern mit Grünsteingängen besteht. Von Süden nach Norden allmälig emporsteigend, fällt dasselbe auf der nördlichen Hälfte fast überall senkrecht in's Meer und bildet hier viele pittoreske Punkte, von denen die Jons-Kapelle, die Ringebakker, der Hammer, „Helligdommen" bei Rö und „Randklöveskaaret" die interessantesten sind. Weniger malerisch ist die südliche Hälfte, die von den Reisenden nur selten besucht wird. Fast Alle wenden sich sofort den „Höilyngen" (dem Hochlande) zu und machen vom Hafenort Rönne aus die Rundtour über Hasle, Allinge, Gudhjem, Svanike, Nexö Aakirkeby, mit einem Abstecher nach dem schönen Walde „Almindingen", oder umgekehrt. Durch diese Namen sind bereits die sechs Städte der Insel angeführt, welche, mit Ausnahme von Aakirkeby, sämmtlich an der Küste liegen. Im Innern des Landes stehen, in weiten Entfernungen zerstreut, Gehöfte und einzelne Bauernhäuser, deren Besitzer Landbau und Viehzucht treiben. — Die Gesammtbevölkerung Bornholms besteht aus ca. 33,000 Seelen.

Der höchste Punkt von Bornholm, der „Rytterknaegt"; liegt fast im Centrum der Insel und ist 496 Fuss hoch. Dann folgt Ruths-Kirkebakke mit 436 Fuss Höhe und die nördliche Küste, deren Höhenmasse zwischen 300 und 100 Fuss variiren. Die Vegetation hängt naturgemäss ganz von der Bodenbeschaffenheit ab. Auf den nur mit einer leichten Erdkrume bedeckten Felsmassen wächst dürres Haidekraut; wo der Humus compacter wechseln grüne Gelände mit fruchtbarem Ackerland und schönen Waldpartien. Bornholm ist das Land der Contraste: meilenweit sieht man nichts als öde Haide und plötzlich steht man vor einem schattigen Hain, inmitten eines Rosengartens oder vor einem grossartigen Felspanorama. Im Allgemeinen ist der Naturcharakter der Insel mehr streng als anmuthig, obschon es auch an idyllischen Landschafts-Scenerien nicht fehlt. Das Klima und die Witterungsverhältnisse weichen von denjenigen der anderen dänischen Ostsee-Inseln nur wenig ab. Einem kurzen Frühling folgt ein nicht zu heisser Sommer, diesem ein langer schöner Herbst und der Winter ist im Durchschnitt weniger streng als in Norddeutschland. Die höchste hier beobachtete Wärme war 28 Grad, die grösste Kälte 18 Grad. Die Mitteltemperatur des Winters wird auf 4 Grad angegeben. Die westlichen Winde verhalten sich zu den östlichen wie 18:10. Die Beschaffenheit des Wetters hängt wesentlich vom Winde ab und daher richtet sich auf den dänischen Inseln die Strenge oder Milde des Winters darnach, ob der Wind von Osten oder von Westen weht. Bemerkenswerth ist, dass Bornholms Ostküste eine acht bis zehn Tage frühere Frühlings-Vegetation hat als die Westküste, weil der zwischen beiden liegende Höhenzug die kalten Nordwestwinde abschwächt. Die durchschnittliche Grundwärme des Landes beträgt nach Oerstedt und Esmarch $6^2/_3$ Grad Reaumur.

Bornholms Pflanzenwelt ist ziemlich reichhaltig, wenn auch nicht so üppig, wie auf Seeland. Wir finden hier Eichen, Buchen, Fichten, besonders viele Birken, Ulmen, Linden, Espen, Eschen und Weiden und die sonst nur im Norden vorkommenden Achselbeerbäume mit fingerbreiten Blättern und röthlichen Beeren, ferner die wilde Mispel, Haselnuss- und Fliedersträucher, verschiedene Dornenarten und Wachholder. Die Obstgattungen sind vertreten durch Kirschen, Birnen, Aepfel und Pflaumen. An Feldfrüchten producirt die Insel alle in Deutschland bekannten Arten, die indess fast sämmtlich von den Bewohnern selbst consumirt werden. Grosser Ueberfluss herrscht dagegen an Farbekräutern und pharmaceutischen Pflanzen, unter denen (nach der Behauptung eines dänischen Botanikers) viele gefunden werden, welche sonst nur auf den Schweizer Alpen und im Kaplande wachsen.

Das Thierreich auf Bornholm ist, mit Ausnahme der Vögel und der Fische, ungefähr dasselbe wie in Norddeutschland. Ausser den bei uns vorkommenden Vogelarten sind der Tolk, eine Krähen-Species, die Cormoran-Scharbe (grosser schwarzer Wasservogel), die Taerner (kleine Wasserschwalben) und die Schwarzköpfe (Svaarthaetter) auf Bornholm heimisch. Auch Eidergänse, Eisenten (Haugadisse) und Horsegöge (Pferdekukuk) besuchen die Insel und halten sich hier periodisch auf. Sehr zahlreich sind die Möven, die gross und klein, in Schaaren den Strand beleben. — Von Fischen werden besonders Heringe, Lachse, Flundern, Steinbutten, Markrelen, Horn- und Weissfische gefangen und als Handelsartikel zum grössten Theil in's Ausland gesandt. Auch Dorsche kommen häufig vor und sind so beliebt, das man diesen Fisch fast in jedem Haushalt stets vorräthig findet. Flundern werden wenig geschätzt, Heringe aber in grossen Quantitäten verbraucht. — Wie Quehl in seinem Buche „Aus Dänemark" behauptet, giebt es auf Bornholm viele Schlangen und giftige Würmer, von denen ich auf meinen Wanderungen indess nichts bemerkt habe. Darin hat er jedoch Recht, dass die Insulaner zu ihrem und ihrer Gäste Heil Wanzen und anderes Ungeziefer bis jetzt nicht kennen, es sei denn, sie hätten diese Bekanntschaft auf Reisen im Auslande gemacht.

Ueber den Ursprung des Namens „Bornholm" differiren die Ansichten. In's Deutsche übersetzt würde Bornholm „Quelleninsel" heissen. Diese einfache Erklärung wäre allerdings motivirt durch die vielen Quellen, die sich auf der Insel, oft in unmittelbarer Nähe des Meeres, befinden; aber sie ist gleichwohl nicht richtig. Nach einer anderen Auslegung entstand der Name aus der Zusammenziehung und späteren Verkürzung dreier Wörter, nämlich aus „Borg under Holmen". (Burg auf der Insel). Auch diese Variante hat Manches für sich. Eine dritte Erklärung, und meines Erachtens die richtige, ist diejenige von „bur-gund-ar-ul-ma", d. h. Wasser-burg-land (auch Insel), woraus später Burgunder Holmur, Borgunder-Holmur, Burgunderholm, Boringholm, Borndholm und endlich Bornholm entstanden. Dieser Etymologie zufolge ist der Name keltischen Ursprunges. Ob die Ureinwohner der Insel wirklich Burgunder gewesen sind, wie hier und da angenommen wird, muss ich dahingestellt sein lassen. Jedenfalls aber lassen sich sowohl bei manchen Denkmälern wie auch in der Sprache keltische Spuren nachweisen. Für die vorstehende Ableitung des Namens spricht ferner eine Stelle in der isländischen „Knytlinga-Saga", die nach Quehl wie folgt lautet:

„Borgunder-Holmur liggaeur austur i Hafed fra Scaney pat er mykid rike och liggur under Erkibyskopsstolm i Lunedi par eru XII. Konungsbu oc XIV. kirkur." *)

Endlich seien noch erwähnt zwei Sagen, welche die Entstehung des Namens behandeln. Nach der einen gab ein hunnisches Weib, Borgundar, der Insel den Namen, nach der anderen stammt derselbe von einem gewissen Beor ab, der um das Jahr 2264 nach Erschaffung der Welt, mit Thielsar, dem Sohne des siebenten cimbrischen Richters oder Königs, Guthis, nach der Insel gekommen sein und Gudhjem gegründet haben soll.

Wie die Erklärung des Namens, so bietet auch die heutige Sprache der Bornholmer dem Linguisten Gelegenheit zu interessanten Studien. Dieselbe ist ein Gemisch von Schwedisch, Dänisch, Deutsch und Norwegisch und, von bornholmer Bauern gesprochen, selbst den Dänen unverständlich.**) In den Städten spricht man ausser Bornholmisch selbstverständlich auch Dänisch, Deutsch jedoch seltener als allgemein geglaubt wird. So lernte ich während meines Aufenthaltes auf der Insel nur sehr wenige Leute kennen, die der deutschen Sprache hinreichend mächtig waren, um darin eine Unterhaltung führen zu können. Auf Grund dieser Wahrnehmung habe ich diesen Blättern eine kleine Sammlung bornholmer Ausdrücke angehängt, die zur Verständigung über das Nothwendigste ausreichen dürften.

Schon oben wurde darauf hingewiesen, dass sich auf Bornholm besonders viele archäologische Merkwürdigkeiten befinden. Der Alterthumsforscher betritt hier ein für sein Fach ausserordentlich fruchtbares, bisher wenig kultivirtes Gebiet. Zahlreiche Hünengräber sind noch unerforscht, Bauta- und Runensteine, letztere mit gut erhaltenen Inschriften, harren, theils in Hainen, theils am Wege oder in Kirchen stehend, der Deutung, mehrere Ruinen, u. a. diejenige von Hammerhuus, und

---

*) Borgunderholm liegt östlich im Meere bei Schonen; das ist sehr mächtig und liegt unter dem Erzbischofsstuhl von Lund. Dort sind 12 Königshöfe und 14 Kirchen.
**) Ein Beispiel möge den grossen Unterschied zwischen dem Bornholmer Idiom und der dänischen Sprache zeigen:
Bornholmisch: „Horrinj pusada mej rèitè."
Dänisch: „Drengen spillede mig et slemt Puds."
Deutsch: „Der Knabe spielte mir einen schlimmen Streich."

vier sehr alte im Rundbogenstil erbaute Kirchen, die früher als Befestigungen gedient haben, bieten dem Studium ein reiches Material. Kurz, sowohl der Archäologe, wie der Naturforscher, und nicht am wenigsten der Naturfreund — und als solchen betrachte ich auch den Landschaftsmaler — dürfte von den Resultaten einer Reise nach Bornholm in jeder Hinsicht befriedigt werden.

Aber auch allen Denjenigen ist der Besuch dieser interessanten Insel zu empfehlen, welchen für eine Erholungsreise nur geringe Mittel zu Gebote stehen. Die Bornholmer sind ein biederer Menschenschlag, der die hohen Preise unserer Seebäder und klimatischen Kurorte noch nicht kennt. Gleichwohl ist ihnen der Comfort nicht ganz fremd; sie verstehen recht gut zu leben, aber auch Andere leben zu lassen. Die Hôtels in den Städten sind durchweg gut, die Zimmer und Betten sehr sauber und die Speisen und Getränke lassen bei mässigen Ansprüchen kaum etwas zu wünschen übrig. Als Durchschnittspreis pro Tag für Logis und Kost kann man 3 Kronen*) ansetzen. Dafür erhält man ein freundliches Zimmer mit Bett, erstes und zweites Frühstück (Kaffee, feines Gebäck und Butter, belegte Brote und eine Flasche Ale), zu Mittag Suppe, mehrere Braten nebst Gemüse und Dessert, sowie Bier, dann Kaffee und kaltes oder warmes Abendessen, Alles à Discretion. Servisgelder sind unbekannt; mit diesen drei Kronen ist Alles bezahlt. Da giebt es keine lackirten Kellner; Wirth oder Wirthin selbst empfangen die Gäste und sorgen für deren Wohl. Auf dem Lande herrscht grosse Gastlichkeit. Bei jedem Bauer kann man eintreten und als Erfrischung Milch, Brot und Butter bekommen. Nur äusserst selten wird der Eigner eine Bezahlung annehmen, er freut sich, wenn der „Besuch" vorlieb nimmt. Auf meiner Rundreise habe ich diese Gastfreundschaft wiederholentlich genossen und als Vergütigung den Kindern der betreffenden Familien kleine Geschenke gemacht, freilich stets gegen Widerspruch der Eltern. Nun vergleiche man diese Zustände und den oben genannten Betrag für den Unterhalt mit den Preisen von Heringsdorf und Misdroy, oder in den

---

*) 1 Krone = 1 Mk. 12,5 Pfge.

Kurorten im Harz und in Schlesien, und man wird einen gewaltigen Unterschied finden, ganz abgesehen von den verschiedenartigen Nebenausgaben, die dem Reisenden fast überall erwachsen. Auch die Reise nach Bornholm ist verhältnissmässig billig. Zwar existirte eine directe Dampfschifffahrtverbindung zwischen Deutschland und Bornholm bisher nicht, aber es ist zu hoffen, dass sie über kurz oder lang hergestellt werden wird. Der Reisende ist also genöthigt, sei es von Stralsund oder von Stettin (resp. Swinemünde) aus, zunächst nach Kopenhagen zu fahren. Hier findet er fast stets Anschluss nach Rönne, dem Haupthafen von Bornholm. Von Stettin fährt der Postdampfer „Titania" im Sommer wöchentlich zweimal, jeden Mittwoch und Sonnabend Nachmittags 1½ Uhr nach Kopenhagen und von Kopenhagen jeden Montag und Donnerstag Nachmittags 2 Uhr zurück nach Stettin. Die Ueberfahrt dauert 14 Stunden und kostet hin und zurück (Retourbillets auf 30 Tage gültig) 1. Kajüte 30, 2. Kajüte 20 Mark. Von Kopenhagen vermitteln die Dampfer „Skandia" und „Heimdal" ebenfalls zweimal wöchentlich die Verbindung mit Rönne, derart, dass der deutsche Reisende in Kopenhagen einen Ruhetag hat, und diesen zu einer flüchtigen Besichtigung der dänischen Residenzstadt benutzen kann. Die Ueberfahrt währt, wenn das Dampfschiff bei Ystadt in Schonen anläuft, 12, bei directer Tour ca. 10 Stunden und kostet (hin und zurück): 1. Kajüte 17 Kronen oder ca. 21 Mark, 2. Kajüte 9 Kronen oder ca. 11 Mark. Die gesammten Reisekosten betragen also 51 Mark für Passagiere 1. Kajüte und 31 Mark für Passagiere 2. Kajüte. —

Obschon die verschiedenen Partien der Insel in den nachstehenden Schilderungen beschrieben werden, dürfte es doch nicht überflüssig sein, schon hier zu bemerken, dass im Hinblick auf Natur-Scenerien wohl jeder Geschmack auf Bornholm seine Befriedigung findet. Wer den Norden liebt mit seinen wildzerrissenen Felsen, gegen welche die brandende See anstürmt, der gehe nach Allinge oder Gudhjem, wer ein Freund der thüringischen Wälder ist, wird sich in Almindingen angeheimelt fühlen, und wer sich gern an den frischen duftigen Harz erinnert, der dürfte Dyndalen bei Rö schnell lieb gewinnen und sich von diesem schönen Waldthal mit seinem klaren Bächlein nur ungern wieder trennen.

Nach dem Vorangeschickten beginne ich die Beschreibung meiner Reise mit dem Wunsche, dass die Lectüre recht viele meiner Leser anregen möge, die Insel Bornholm zu besuchen, um dort durch eigene Anschauung kennen zu lernen, was die Schilderung immerhin nur mangelhaft darzustellen vermag.

Hinreise.

Von Swinemünde nach Kopenhagen.

Vor mehreren Jahren machte ich die Bekanntschaft eines alten Schiffscapitains, der mir viel von seinen Reisen erzählte und bei dieser Gelegenheit die dänische Insel Bornholm als eines der schönsten Eilande des Nordens schilderte.

Seine Mittheilungen hatten in mir den Wunsch erweckt, dieses meerumgürtete Eldorado durch persönliche Anschauung kennen zu lernen. War ich auch genöthigt, die Erfüllung desselben von Jahr zu Jahr zu verschieben, so gab ich gleichwohl den einmal gefassten Plan nicht auf und wartete auf eine günstige Gelegenheit für die Ausführung. Diese bot sich mir im Sommer vorigen Jahres, als ich meine Ferien theils in Misdroy, theils in Heringsdorf verlebte. Allwöchentlich zweimal sah ich den stattlichen Postdampfer „Titania" aus dem Hafen von Swinemünde hinaussteuern in die offene See und seinen Cours nordwärts nehmen, und jedesmal blickte ich ihm sehnsüchtig nach, bis er als ein winziger Punkt in der Ferne verschwand.

Das andauernd günstige Wetter bestimmte mich, einen schnellen Entschluss zu fassen. So löste ich denn ein Retourbillet nach Kopenhagen und begab mich, mit dem Nothwendigen ausgerüstet, am Nachmittag des 2. August, als das von Stettin kommende Schiff am Bollwerk in Swinemünde anlegte, an Bord. Noch im letzten Moment hatte ein Reisegefährte, der mich begleiten wollte, sich daran erinnert, „dass das Wasser eigentlich keine Balken habe" und der projectirten Tour sein dolce far niente in Heringsdorf vorgezogen. Obschon dieser plötzliche Sinneswechsel mich unangenehm überraschte, machte ich mich doch bald vertraut mit dem Gedanken, allein zu reisen.

Auf der „Titania", die ihren Namen nicht mit Unrecht führt, herrschte ein reges Treiben. Die neu angekommenen Passagiere suchten, nachdem ihr Gepäck untergebracht, möglichst gute Plätze zu erlangen und brachten so Bewegung in die auf dem Verdeck stehenden Gruppen; vom Lande her wurden Frachtgüter verladen und zwischen dem Rufen, Poltern und Rasseln vernahm man das scharfe Zischen des den Ventilen entweichenden Dampfes. Endlich waren die letzten Ballen verpackt, die das Schiff am Bollwerk festhaltenden Taue gelöst und der schrille Ton der Dampfpfeife gab das Signal zur Abfahrt. Zuerst langsam, dann allmälig schneller, glitt der Coloss dem Ausgang des Hafens zu. Schon nach wenigen Minuten lag Swinemünde hinter uns. Am Leuchtthurm vorüberfahrend, passirten wir die Molen und befanden uns bald auf hoher See.

Das Wetter war köstlich. Kein Wölkchen trübte die Bläue des Himmels, kein Windhauch die Glätte des Meeresspiegels. Hoch auf rauschte das Wasser am Bugsprit und an den Flanken des Schiffes, als sei es empört, dass Menschenmacht es in seiner Ruhe störe, und lange dauerte es, bevor die vom Dampfer gezogene Furche sich wieder ebnete.

So lange die Küste sichtbar blieb, betrachtete ich diese. Bot doch der weite Halbkreis, welcher die Bucht im Hintergrunde begrenzt, einen ungemein anziehenden Anblick. Im Südosten leuchteten die hellen Häuser und der weisse Strand von Misdroy, mehr nach Süden zieht sich ein Kiefernwald längs dem Ufer hin, dann folgt der Leuchtthurm, als der am längsten sichtbare Punkt von Swinemünde, die Hafeneinfahrt, weiter nach Westen das „Wilhelmsbad", Waldung, das Dorf Aalbeck und endlich im Südwesten das lauschig im Grün der Bäume versteckte Heringsdorf mit seiner freundlichen kleinen Kirche. Damen und Herren lustwandelten am Strande, einige wehten mit lichten Tüchern den Reisenden Scheidegrüsse nach. So verging etwa eine halbe Stunde. Da wurden die Contouren undeutlicher, Strand, Wald und Häuser verschwammen in einander und bildeten eine bläuliche Linie.

Jetzt wandte ich mich meiner näheren Umgebung zu. Das Schiff war mit Passagieren überfüllt. Hunderte von Personen sassen oder standen auf dem Verdeck, theils in Unterhaltung begriffen, theils der Betrachtung des Meeres sich hingebend, manche auch essend und trinkend. Noch waren die Kajüten nicht angewiesen und die Billets nicht controllirt. Unter den Anwesenden fiel mir zunächst eine zahlreiche Gesellschaft von Damen auf, die auf dem Hinterdeck Platz genommen hatte. Einige Gesichter kamen mir bekannt vor, aber ich wusste im ersten Moment nicht recht, „wo ich sie hinbringen sollte". Ich sann und sann und endlich hatte ich's gefunden: im „Berliner Stadtpark" hatte ich sie gesehen, als Mitglieder der Damen-Kapelle der Frau Amann-Weinlich aus Wien. Dort waren sie in weissen Mullkleidern erschienen, hier dagegen sahen sie in ihren Alltags-Kostümen recht prosaisch aus. Wie ich später erfuhr, war die Gesellschaft nach Kopenhagen engagirt worden und machte dort brillante Geschäfte.

Etwas abseits von diesen weiblichen Musikern sass eine junge Dame, die ein ältlicher Herr umfasst hielt. Die Dame verhüllte ihr Gesicht mit einem dunklen Tuche und blickte nur hin und wieder mit ihren schwarzen Augen schelmisch hervor, während der Herr französisch zu ihr sprach. Ich hielt sie für eine Südländerin, den Herrn an ihrer Seite für ihren Vater. Wie man sich doch täuschen kann! Eine Südländerin war sie allerdings, und zwar eine Römerin, ebenfalls ein Mitglied der Damen-Kapelle, und der Herr zu ihrer Rechten ihr — Liebhaber, ein russischer Baron, der sich für sie ruinirt hatte und ihr auf allen Reisen folgt. Wie Fama in Person eines dänischen Agenten ferner berichtete, hatte von diesen Damen übrigens fast „jede ihren Jeden", wahrscheinlich ad majorem musicae gloriam!

„Haben... Sie..." fragte mich ein korpulenter Herr. Er konnte den Satz nicht beenden, denn der Steuermann forderte die Billets.

„Haben Sie..." setzte er wieder an und schnitt eine Grimasse, dass ich, in der Befürchtung, er bekomme die Seekrankheit, besorgt einige Schritte zurück trat.

„Ja, meine Herren," hörte ich hinter mir eine Nasalstimme, „Se mögen's mer glauben oder nicht, wahr ist es doch. Ich will nicht gesund stehen vor Ihnen, wenn ich rede die Unwahrheit."

„Was ist wahr?" erkundigte sich ein hinzutretender Herr.

„Aaron heiss' ich," hob der Sprecher wieder an, „und aus Königsberg bin ich. Fahre jährlich einmal nach Kopenhagen, zu besuchen die Muschpoche von meiner Frau, müssen Se wissen. Als ich fuhr, vor 'nem Jahr, müssen Se wissen, hatte ich bei mer die alte Kist' — dort steht se (und er zeigte auf einen alten Kasten) — mit Wäsche und getragenen Kleidern, müssen Se wissen, und die Herren Zollbeamten in Kopenhagen fragten, was drin ist. Was soll's sein, sagte ich, alte Sachen. Wollen die Herren sehen selbst? Und ich machte auf den Deckel. Die Herren Beamten aber traten zurück, müssen Se wissen, und rührten nicht an den Inhalt. Nun wie heisst, war nischt Unkoscheres drin, nur alte Hemden, Hosen und Strümpfe. Ich nahm also mein Kofferche unter'm Arm und machte den Herren einen Bückling. Aaron, sagte ich mir draussen, Du hast verdient zwei lebedicke Thaler, oder sechs Mark, müssen Se wissen. Denn unter den alten Sachen, im doppelten Boden versteckt waren extrafeine Seidenwaaren, die ich für die Muschpoche steuerfrei aus Deutschland „improvisirte"."

„... schon... eine... Ka... ka... jüte?" vervollständigte der dicke stotternde Herr jetzt plötzlich den vorhin angefangenen Satz. Er hatte mich nicht aus den Augen verloren, und schien mich als Schlafgenossen ersehen zu haben. Nun waren aber bereits alle Kajüten von den Damen besetzt und viele Passagiere mit Billets erster Klasse mussten auf ihre Rechte verzichten. Zu letzteren gehörte auch ich. Mir fiel es nicht schwer, denn die Nacht versprach schön zu werden, und eine warme Mondnacht auf Deck zu verbringen, ist ja der Uebel grösstes eben nicht. Ich bedeutete Sr. „Korpulenz" also, dass ich bedauerte etc. etc., und er suchte sich einen anderen Kajütenmann, den er schliesslich auch fand.

„Rügen in Sicht!"

Dieser Ruf lenkte Aller Blicke der eben aus dem Meere auftauchenden Insel zu, deren Umrisse sich nach und nach deutlicher zeigten. Zugleich wurden auch die Bewegungen des Schiffes stärker und die ersten Symptome der Seekrankheit machten sich hier und dort bemerkbar: bei den Herren durch eine gewisse Unruhe und Fortwerfen der brennenden Cigarren, bei den Damen durch eine leichte Blässe, lebhaftes Glänzen der Augen, Entfärben der Lippen und Zucken der Mundwinkel. Dieser und jene Reisende entfernten sich, angeblich „um einmal nach den Sachen zu sehen"; ein alter Herr fluchte und schimpfte über Alles, was ihm in den Weg kam; Dieser fand das Geräusch der arbeitenden Maschine unerträglich, Jener nannte den Steewart einen Giftmischer und behauptete, von dem Bier unwohl geworden zu sein, und noch ein Anderer, der sich kaum auf den Beinen zu halten vermochte, wollte den Capitain „über den veränderten Cours" zur Rede stellen, kurz jeder der Betreffenden hatte plötzlich über irgend Etwas zu klagen. Immer mehr lichteten sich die Reihen der auf dem Verdeck Anwesenden. Arme Opfer der Seekrankheit! Mit bleichen Gesichtern und schlotternden Knieen schlichen sie davon, verborgenen Winkeln zu, um dort Neptun erzwungene Opfer darzubringen. Vorhin noch so munter und zu allerlei Scherzen aufgelegt, fühlten sie sich jetzt unsäglich elend. Manche glaubten bereits mit dem Tode zu ringen. Frau Amann-Weinlich dachte gewiss an nichts weniger als an den Dirigentenstab, aber sie dirigirte doch fast ihre ganze Damen-Kapelle auf Steuerbord, wo — horribile dictu est — ein Concert ohne Instrumente executirt wurde. Dort stand auch der korpulente Herr und stotterte das Meer an, während etwas abseits der Handelsmann Aaron aus Königsberg in seinem Halse „ein Härchen" suchte, das er natürlich aus Versehen verschluckt hatte. —

Woher war es nur so plötzlich gekommen, jenes körperlose Ungeheuer, das so Vielen die See verleidet? Bisher hatten sich Alle, selbst die Aengstlichen, wohl befunden, und nun trat bei mehr als vierzig Personen zugleich, ohne Uebergang ein Zustand ein, von dem es heisst, dass er schlimmer sei als die schlimmste Krankheit. Da half kein Mittel als das Unabwendbare mit Geduld ertragen und in der Mitte des Schiffes, wo die Bewegung am schwächsten ist, eine möglichst horizontale Lage einnehmen. Merkwürdiger Weise blieben manche solcher Passagiere verschont, die sich vorher am meisten vor der Seekrankheit gefürchtet hatten, so unter anderen mehrere sehr schwächliche Damen. Uebrigens ging der Anfall ziemlich schnell vorüber und schon nach einer Stunde waren fast Alle wieder wohlauf. Einige moquirten sich über sich selbst, was, wie man sagt, ein probates Mittel ist, den Spott der Anderen zu entwaffnen.

Bei anbrechender Dunkelheit begab ich mich in den Innenraum. Aber o weh, „dort unten war's fürchterlich!" Eine schwüle, drückende Luft erschwerte das Athmen, in den Centren der Gänge standen Kisten und Koffer, und zwischen diesen hockten und lagen Zwischendeckspassagiere, welche sich bereits Ruhestätten für die Nacht zubereitet hatten. Unter ihnen befand sich eine Gesellschaft arabischer Akrobaten, ein alter Graukopf und mehrere jüngere Afrikaner. Auch sie waren nach Kopenhagen engagirt worden von einem Agenten, der sich mir am Abend unter seinem, in halb Europa bekannten Spitznamen „Sklavenhändler" vorstellte. Letzterer hat, nach seinen Erzählungen zu urtheilen, ein höchst abenteuerreiches Leben geführt, das Stoff zu einem mehrbändigen Roman liefern würde. Was und wo wollte der Mann nicht überall gewesen sein, bis ihn das Schicksal nach Kopenhagen verschlug! Von dort aus vermittelt er Engagements von Schauspielern, Balleteusen, Sängerinnen, Akrobaten etc. etc. nach aller Herren Länder. Sein Beiname ist also so ganz unmotivirt nicht.

Die übermässige Hitze trieb mich wieder in's Freie. Hier sah ich einen prachtvollen Mondaufgang. So eben stieg Luna empor und sandte ihr bleiches Licht über die weite Wasserfläche, dass sie erglänzte wie flüssiges Silber. Wie funkelten die Schaumperlen an den Längsseiten des Schiffes, wie leuchtete die unabsehbar lange Furche hinter uns! Eine schnurgerade Strasse inmitten der Wasserwüste! Der Anblick war über alle Beschreibung schön. Köstlich war auch die Nacht, die jetzt ihren Sternenbaldachin über uns deckte, unter welchem die „Titania" friedlich dahin fuhr, die Spitze stetig nach Nordwesten gerichtet. Ich verbrachte sie träumend mit offenen Augen. Erst als der Mond untergegangen war und ein kühler Wind über das Schiff strich, suchte und fand ich einige Stunden Schlaf.

Ein Sonnenaufgang auf See ist schon so oft, aber immer so mangelhaft beschrieben worden, dass ich nicht wage, die Zahl dieser Schilderungen noch um eine zu vermehren. So bescheide ich mich denn mit der Behauptung, dass dieses Schauspiel überhaupt nicht zu beschreiben ist, dass auch der reichsten Sprache Wörterschatz nicht hinreicht, auszudrücken, was der Beschauer bei diesem Anblick empfindet. Vielleicht ist's ein stummes Gebet, das selbst der Ungläubigste dem Schöpfer der Welten in seinem Herzen darbringt, und — die innigsten Gebete haben ja keine Worte.

Von der Morgensonne beschienen zeigte sich in der Ferne die dänische Küste: links die Insel Amager, „Kopenhagens Küchengarten"; vor uns als ein Chaos von Häusern und Kirchen Kopenhagen und, daran sich anschliessend, dicht an den Strand herantretende Waldungen oder Parkanlagen. Je näher wir kamen, desto anziehender wurde das Panorama. Schärfer hoben sich einzelne Punkte vom lichten Untergrunde ab, zuerst die vier den Hafen dominirenden Seeforts, dann die Kirchen und ganze Stadttheile mit all' ihren Details. Bei der Einfahrt in den schönen Hafen sahen wir viele vor Anker liegende Orlogsschiffe, u. a. auch den berühmten „Rolf Krake" und eine ganze Flotille Kauffahrer aller Grössen. Nicht ohne Mühe wurde die „Titania" durch diese „schwimmende Stadt" zum Landungsplatz dirigirt. Manche Schwenkung musste ausgeführt werden, bevor die ungeduldig harrenden Reisenden die terra firma betreten konnten. Endlich, gegen 5 Uhr, überschritten wir die Landungsbrücke. Noch ein kurzer Aufenthalt im Zollhause und die Reisegesellschaft zerstreute sich nach allen Richtungen. Als ich die Douane verliess, hörte ich hinter mir die Worte: „Nur alte Kleider, müssen Se wissen"; der Leser erräth, wer sie sprach. Dann durchwanderte ich das Hafen-Quartier und liess mich von einem Dienstmann (Bybud) in das mir empfohlene Hôtel Aalborg führen.

Kopenhagen.

Klein nur, aber für die Behaglichkeit der Reisenden eingerichtet und mehr von Dänen als von Fremden besucht, ist das Hôtel, in welchem ich ein hübsches Zimmer „samt reel og billig Betjening" — wie auf der Karte steht — erhalten hatte. Der Besitzer, Herr L. Koefoed aus Bornholm, ist ein alter Schiffs-Capitain, der nach einem bewegten Seemannsleben sich mit seinen Ersparnissen zur Ruhe gesetzt und dieses Hôtel etablirt hat.

Wie war der brave Mann doch bemüht, mir den Aufenthalt in seinem Hause angenehm zu machen! Er erzählte von seinen Reisen, bald dänisch, bald deutsch, trieb die Bedienung an, brachte die neuesten Zeitungen herbei und beschrieb mir die kürzesten Wege nach allen Sehenswürdigkeiten der Residenz. Diese Zuvorkommenheit aber hatte ihren Grund nicht etwa in der gewohnheitsmässigen Pflichterfüllung des Gastwirthes, sondern in dem gutmüthigen Herzen des biederen Menschen.

Und solch' freundliches Entgegenkommen wie bei Herrn Koefoed wurde mir von vielen Kopenhagenern zu Theil. Trotz der Anweisungen meines Wirthes war ich auf meiner Wanderung durch die Stadt doch oft genöthigt, nach dem Wege zu fragen und stets gab man mir in höflichster Weise die gewünschte Auskunft. Mehrmals führten mich die Gefragten, ihren Gang unterbrechend und umkehrend, ganze Strecken, bis sie mit Sicherheit annehmen konnten, dass ich nicht mehr fehl gehen würde. Auch in Läden, in die ich trat, um diesen oder jenen Gegenstand zu kaufen, fiel mir eine Artigkeit auf, die man in Berliner Geschäften nicht selten vermisst. — Nach meinen in Kopenhagen gemachten Erfahrungen möchte ich die Dänen, was Höflichkeit anbelangt, die Franzosen des Nordens nennen. Schade, dass unser Arndt in seinem „Lied vom Schill" durch die Verse:

— — — „Es schleichet vom Meer
Der Däne, die tückische Schlange daher,"

deren sich gewiss Jeder erinnert, bei uns gegen die Dänen überhaupt ein Vorurtheil erweckt hat, das eben so wenig berechtigt wie schwer auszurotten ist. Ohne Zweifel giebt es auch in Dänemark „tückische Schlangen", ob aber mehr als in irgend einer anderen Nation, — das zu beantworten wäre Arndt gewiss nicht im Stande gewesen. Der Wahrheit gemäss gestehe ich gern, dass ich von dieser sogenannten National-Eigenthümlichkeit absolut nichts bemerkt habe und vermuthe, dass sie weniger eine dichterische Wahrheit als eine dem Rhythmus gemachte Concession ist.

In einem Tage vermag man von Kopenhagen nicht viel zu sehen. So beschränkte ich mich denn auf eine Umschau aus der Vogelperspective und einen Besuch der hochinteressanten Museen. Erstere gewährt in ganz vorzüglicher Weise die Plateform des „Runden Thurmes" an der Ecke von Store Kjöbmagergade und Landemaerket.

Die Aussicht ist prachtvoll: man überblickt die ganze Stadt, ihre schöne landschaftliche Umgebung, den Hafen mit seinem Mastenwald und einen Theil von Amager. Schon bei dieser Umschau macht die Stadt den günstigsten Eindruck, der sich bei der näheren Betrachtung der Einzelnheiten noch verstärkt. Es ist ein an Abwechslung reiches Bild, das sich dem Blicke hier darbietet. Nichts fehlt darin, was einer landschaftlichen Scenerie Reiz verleiht. Wasser, Wald und Wiesen umgeben die Stadt und bilden zu den ca. 8000 Gebäuden derselben eine malerische Folie.

Nach dieser Thurmbesteigung besuchte ich zunächst das Thorwaldsen-Museum, auf welches die Dänen mit Recht stolz sein dürfen. Das Gebäude ist im modernisirten griechischen Stil nach den von Thorwaldsen gebilligten Entwürfen des Architekten Bindesböll aufgeführt und enthält von Thorwaldsen's Hand 80 Statuen, 130 Büsten, 3 lange Bilderreihen in erhabener Arbeit und 220 andere Reliefs, darunter auch den berühmten Alexanderzug, welchen der Künstler in unverhältnissmässig kurzer Zeit für den Empfang Napoleons I. in Rom ausgeführt hatte. Umgeben von seinen Werken ruht Thorwaldsen in einer Gruft inmitten des Hofes. — Die kostbaren Schätze der Skulptur bewundernd, durchschritt ich die beiden Etagen dieses Musentempels, in welchem der Genius klassischer Kunst auf und nieder schwebt und dem Besucher eine Welt der Ideale erschliesst. Sodann begab ich mich in das „Museum nordischer Alterthümer". Dasselbe besteht aus drei Stockwerken und umfasst in eben so vielen Abtheilungen Erzeugnisse des Steinalters, des Bronzealters, und des Eisenalters, ferner Raritäten aus der frühchristlichen bis auf die neuere Zeit. „Es hat die Aufgabe, die erste Lebensweise des Menschen im Norden und die erste namentlich Dänemark eigenthümliche Civilisation aufzuklären" und erfüllt dieselbe in so hohem Grade, dass es Weltruf besitzt. Eine Wanderung durch die 19 Säle resp. Zimmer, ist eben so lehrreich wie interessant; kein Reisender sollte unterlassen, diese ausserordentlich reichhaltige Sammlung, wenn auch nur flüchtig, zu besichtigen.

Flüchtig freilich konnte auch meine Betrachtung all' der verschiedenartigen Gegenstände nur sein, aber ich empfing doch einen Eindruck, der mich mit Hochachtung für die dänische Alterthumsforschung erfüllte. Gern hätte ich Manches eingehender studirt, indess die beiden Besuchsstunden waren schnell verflossen und die Gemächer wurden verschlossen.

Am Nachmittag machte ich einen Spaziergang durch die Stadt und besuchte „Tivoli", ein Vergnügungslocal im mehrfach vergrösserten Massstabe des Kroll'schen Etablissements zu Berlin. Hier bietet sich dem Fremden Gelegenheit, das einheimische Volksleben aus nächster Nähe zu beobachten. „Tivoli" ist ein Lieblingsort der Kopenhagener und ein neutrales Gebiet für alle Stände, die hier mit dem Gefühl der Gleichberechtigung unter einander verkehren und Fremde, ohne Rücksicht auf deren Nationalität, als willkommene „Gäste" behandeln. Bald war ich mit zwei älteren Herren, Professor M. und Buchhändler B. aus Kopenhagen, bekannt geworden. Sie zogen mich in ihre Unterhaltung und führten mich durch den grossen parkähnlichen Garten, in welchem allabendlich Theater- und Kunstreiter-Vorstellungen, sowie mehrere vortreffliche Musik-Aufführungen stattfinden. Die für geringen Eintrittspreis in „Tivoli" gebotenen Genüsse sind so zahlreich, dass der Besucher damit förmlich überschüttet wird. Kaum ist hier ein Concert zu Ende, so beginnt dort ein anderes, oder eine theatralische oder gymnastische Production. Auch Speisen und Getränke sind gut und ausserordentlich billig. — Schon am ersten Tage meines Aufenthaltes in Dänemark lernte ich als charakteristische Züge des Volkes sein scharf ausgeprägtes Nationalgefühl, seine Gastlichkeit und sein heiteres, für Vergnügungen empfängliches Temperament durch eigene Anschauung kennen. Als ich, ziemlich spät, in mein dänisches „home" zurückgekehrt war, da konnte ich meinem liebenswürdigen Wirth auf seine Frage: „Wie gefällt Ihnen Kopenhagen?" aus vollster Ueberzeugung antworten: „Sehr gut. Ich bedauere nur, nicht länger bleiben zu können."

Von Kopenhagen nach Rönne.

An Bord der „Skandia", eines kleinen Dampfers, der die Ueberfahrt nach Rönne vermittelt, verliess ich am folgenden Morgen 7 Uhr den Hafen von Kopenhagen.

Das Wetter war schön und ein günstiger Wind veranlasste den Capitain, Segel aufsetzen zu lassen. Dadurch wurde die Fahrgeschwindigkeit des Schiffes zwar um ein Bedeutendes erhöht, aber auch seine, zuerst nur leichten Schwankungen nahmen bald in dem Grade zu, dass es schwer fiel, auf dem Verdeck zu gehen, ohne sich an der Brüstung festzuhalten.

Meine Reisegefährten bestanden aus Dänen und Schweden. Mit einem der ersteren, Hrn. Lehrer Holm aus Allinge auf Bornholm gebürtig und in Nykjöbing angestellt, wurde ich beim Frühstück bekannt. Er machte eine Ferienreise, um seine in Allinge lebende alte Mutter zu besuchen. Hatten mich schon sein intelligentes Gesicht und seine männliche Haltung angezogen, so lernte ich ihn jetzt als einen vielseitig gebildeten Mann kennen, der über verschiedene Themata recht interessant zu plaudern weiss. Auch der Capitain betheiligte sich an der Unterhaltung. Seinen Namen habe ich leider vergessen, seine gedrungene, markige Gestalt aber mit dem von der Sonne aller Zonen gebräunten Gesicht, aus welchem zwei klare muntere Augen blitzen, schwebt mir noch deutlich vor. Er hatte uns eingeladen, ihm auf dem Commandodeck Gesellschaft zu leisten. Dort setzten wir das im Speise-Salon begonnene Gespräch fort, welches nur hin und wieder unterbrochen wurde durch, für den Steuermann bestimmte, die Leitung des Schiffes betreffende, Befehle, die dieser, als verstanden, stets wörtlich wiederholte. Noch zwei Personen fielen mir auf. Sie gehören zur Schiffsbedienung. Die eine ist eine hübsche junge Norwegerin mit blonden Haaren und blauen Augen, welche flink und geräuschlos bald am Buffet, bald in der Küche schaltete, die andere, ein rothhaariger Bursche von vielleicht zwölf Jahren, ihr Sohn. Letzterer brachte uns auf des Capitains Geheiss wiederholt kleine „Herzstärkungen" und bewegte sich mit einer solchen Sicherheit und Behendigkeit, dass trotz des Rollens und Stampfens des Fahrzeuges aus den uns auf einem Teller präsentirten Gläsern auch nicht ein Tropfen verloren ging. Der Junge verspricht dereinst ein Musterkellner zu werden, wozu freilich gehört, dass er sein bescheidenes Wesen sich auch in Zukunft bewahrt. Hier möge erwähnt sein, dass auf der „Skandia" die grösste Sauberkeit herrscht und dass Speisen und Getränke bei vorzüglicher Qualität sehr billig sind.

Ab und zu machte der Capitain uns auf vorüberfahrende Schiffe aufmerksam. „Das dort ist ein „Russe", der von Riga kommt," sagte er, ostwärts zeigend, „jener ein „Schwede", mit Kohlen beladen, und der schwere Kasten auf der Leeseite ein ausrangirter „Däne", welcher nur noch zum Holztransport taugt. Der geht nie unter, die Ladung hält ihn über Wasser, auch wenn er total leck wird." —

Am Nachmittag erblickten wir die flache schwedische Küste. Das rastlos vorwärts strebende Schiff näherte sich dem Hafen von Ystadt. Dort wurden Güter aus- und andere eingeladen, auch einige neue Passagiere kamen an Bord und nahmen die Plätze der uns verlassenden Schweden ein. Die etwa fünf Minuten vom Hafen entfernt liegende Stadt sah ich nur als Gebäude-Complex, doch schien sie mir sammt ihrer Umgebung wenig anziehend. Zollbeamte, Kaufleute, einige schwedische Studenten und Obst zum Verkauf anbietende Kinder standen am Strande. In zwanzig Minuten war das Verladen beendigt. Wir setzten unsere Fahrt nach Bornholm fort.

Mittlerweile hatte sich der Himmel mit Wolken bedeckt und die See eine schwarzgraue Färbung angenommen. Die vorher langgestreckten Wogen wurden kürzer und wuchsen zu mächtigen Wellenbergen heran, auf denen die jetzt nur noch unter Dampf gehende „Skandia" wie eine Nussschale tanzte. Plötzlich strich ein Windstoss über das Schiff. Ein zweiter, noch stärkerer, folgte. In der Tiefe gährte und kochte es und ein unheimliches Sausen liess sich vernehmen. Der Capitain kommandirte, der Steuermann drehte am Rade, das Schiff machte eine Wendung. Mehrere der auf dem Verdeck stehenden Passagiere stürzten, durch den Wogenstoss das Gleichgewicht verlierend, zu Boden. Auch ich musste mich auf meinem erhöhten Standpunkt neben dem Capitain mit aller Kraft an den Tauen festhalten, um nicht zu fallen. Fast schien es, als berühre die Spitze des Schornsteins das Wasser, so schief stand einen Moment das Fahrzeug.

Im Nordosten hatte sich der Horizont ganz in Nacht gehüllt, die zu dem Sonnenlicht im Westen schroff contrastirte. Nun schwand auch dieses. Immer heftiger wurden die Windstösse, einer jagte gleichsam den andern. Vom Sturm gepackt, wurde das kleine Fahrzeug hin und her geschleudert, aber es widerstand wacker dem aufgeregten Element. Bald hob eine Welle es empor, bald glitt es zwischen zwei Wasserbergen dahin. An ein Verständigen durch Worte war nicht mehr zu denken; das Getöse um uns her übertönte Alles. Eine Handbewegung des Capitains lenkte meinen Blick nach Osten. Dort sah ich, düster und dräuend, eine wild zerrissene Felsenküste, gegen welche die brandende See mit Titanengewalt anstürmte. Ein Niedergleiten des Schiffes entzog mir den Anblick für einen Moment. Dann sah ich vom Kamm einer Woge aus sie wieder, im Norden hoch und bergig, nach Süden zu allmälig abfallend. Es war Bornholm. Auf der Strandlinie zeigten sich zwei Häusermassen; die ungefähr in der Mitte liegende ist das Städtchen Hasle, diejenige im Süden der Hafenort Rönne. Auf letzteren war der Cours der „Skandia" gerichtet. Nach Verlauf einer Stunde hatten wir, wiewohl mit grösster Mühe, die Einfahrt erreicht und betraten, nachdem das Schiff vor Anker gegangen war, am Abend um 6 Uhr unter Sturm und Regen das Land. Da ich die Nacht in Rönne zu bleiben beabsichtigte, Hr. Holm aber mit der Post sofort weiter fahren wollte, nahmen wir hier Abschied, mit dem Versprechen, am folgenden Tage gemeinschaftlich eine Partie von Allinge nach den interessantesten Punkten seiner Umgebung zu machen.

Bornholm.

I. Rönne.

Der erste Eindruck, den Rönne auf mich machte, war so deprimirend, dass ich bedauerte, die Reise nach Bornholm unternommen zu haben und ernstlich daran dachte, mit der „Skandia" unverzüglich nach Kopenhagen zurückzukehren.

Vom Landungsplatz aus betrachtet, erscheint das Bild, welches die Stadt dem Auge des Beschauers darbietet, monoton und keineswegs anziehend, besonders wenn, wie an jenem Tage, ein Regenhimmel als Rahmen dasselbe umspannt. Auf einer leichten Bodenerhebung, landeinwärts allmälig emporsteigend, breitet sich Rönne mit seinen 1260 Gebäuden auf einem ziemlich grossen Flächenraum aus. Die Häuser sind mit wenigen Ausnahmen einstöckig und bilden 90 schlecht gepflasterte Strassen und Gassen, deren Bezeichnungen an viele gleichnamige Stadttheile Kopenhagens erinnern. Die einzige Kirche des Ortes ist klein und enthält nichts archäologisch Merkwürdiges. Im Nordwesten tritt die Stadt dicht an den mit Felsgeröll bedeckten Strand heran, im Südwesten liegt der Hafen, neben welchem ein Bassin ausgegraben resp. gesprengt worden ist, und jenseits dieser neuen Anlage, die später den Hafen erweitern soll, erblickt man auf der flachen Küste eine Badeanstalt, hinter dieser, mehr nach Süden den Friedhof und in der Nähe des letzteren das Arsenal und das sogenannte Castell, das als Pulverthurm benutzt wird. Noch ist zu erwähnen das am Hafen befindliche Leuchtfeuer, welches die während der Nacht vorüberfahrenden Schiffe vor der gefährlichen klippenreichen Küste warnt. Kein Baum, kein Strauch schmückt den öden Strand, kaum einige grüne Halme vermögen auf dem steinigen Boden ihr Dasein zu fristen. Nach Süden, Westen und Norden begrenzt die hier fast immer bewegte See den Horizont.

Menschenleer und wie ausgestorben erschienen mir die Strassen, als ich nach dieser Umschau unter Führung eines Einwohners dem mir empfohlenen „Hôtel Rönne" zuschritt. Hier erfuhr ich, dass bereits alle Zimmer besetzt seien — ein Fall, der übrigens äusserst selten vorkommt — und war so genöthigt, anderweit ein Unterkommen zu suchen. Dieses fand ich denn im „Hôtel Dams", wo ich nicht nur ein gutes Logis, sondern auch eine so vortreffliche Beköstigung erhielt, dass ich mit dem unfreiwilligen Tausch wohl zufrieden sein durfte.

Den Rest des Tages benutzte ich, um Bornholms Hauptstadt näher zu besichtigen. Die Rönner Miliz zog soeben mit Musik durch die Strassen, hinter ihr her natürlich die Generation der Zukunft. Vor dem Hause des Commandanten nahm das Bataillon Aufstellung, ein Tusch ertönte und die Mannschaften wurden in die Quartiere entlassen. Mit ihnen zugleich verschwand auch ihre jugendliche Begleitung. Wenige Minuten später waren die Strassen wieder so still und einsam wie zuvor. Ein Gefühl der Kälte überkam mich und ich gestand mir im Stillen, dass ich um Alles in der Welt nicht in einer so wenig heimischen Stadt wie Rönne meinen dauernden Wohnsitz haben möchte. Der Reisende fühlt sich hier losgelöst von der Aussenwelt, er vergleicht sich unwillkürlich mit einem Schiffbrüchigen, den ein Sturm auf dieses Eiland verschlagen hat. Möglich, ja sogar wahrscheinlich, dass man bei näherer Kenntniss der Verhältnisse dem Leben in Rönne manche Lichtseiten abgewinnt; aber man wird doch Vieles vermissen, was deutschen Provinzialstädten ihren eigenthümlichen Reiz verleiht, so u. a. die kleinen Gärten vor den Häusern, Schatten spendende Bäume in den Strassen, eine bergige Umgebung und Originalität der Bauart. Hier sind fast sämmtliche Häuser wie nach einer Schablone zum grossen Theil aus Fachwerk errichtet: vier nackte, mit Kalk beworfene, oder aus gebrannten Steinen errichtete, Wände, darüber das Dach. Der geringe Verkehr in den Strassen und auf den beiden Plätzen der Stadt kann freilich nicht überraschen, wenn man bedenkt, dass die aus ca. 5500 Seelen bestehende Bevölkerung sich auf 1260 Häuser repartirt.

Mein Spaziergang führte mich an der Wohnung des deutschen Consuls vorüber. Da letzterer einen Laden hält, der noch geöffnet war, so konnte ich als Käufer sans cérémonial die Bekanntschaft unseres Repräsentanten auf Bornholm machen. Ich hoffte, von ihm Auskunft zu erhalten über Sehenswürdigkeiten auf der Insel, aber was er mir mittheilte, wusste ich bereits durch in Kopenhagen eingezogene Informationen und so verliess ich denn sein Haus bald wieder, ohne durch die gepflogene Unterhaltung meinen Horizont erweitert zu haben. Gleichwohl will ich die Bereitwilligkeit dieses Würdenträgers, mir gefällig zu sein, hier gern dankend anerkennen.

Auch anderen Einwohnern von Rönne muss ich ihr zuvorkommendes Wesen nachrühmen. Wo ich fragte, erhielt ich stets eine freundliche-höfliche Antwort. Wie schon in Kopenhagen, fiel mir in Rönne das Grüssen auf. Erwachsene und Kinder ziehen vor dem Fremden mit tiefer Verbeugung ihre Mützen, ja selbst Frauen und Mädchen neigen, wo es immer sei, zuerst das Haupt zum Grusse. Das scheint hier eben so Sitte zu sein und berührt jedenfalls nicht unangenehm.

Um mich noch ein wenig im Orte zu orientiren, bat ich einen am Hafen sitzenden Soldaten mich zu führen, was er, nachdem ich ihm eine Cigarre offerirt hatte, gern that. Sah ich auch auf unserer Wanderung kreuz und quer durch die Stadt nichts besonders Bemerkenswerthes, so interessirten mich doch die Mittheilungen meines Begleiters über die Militairverfassung der Insel in hohem Grade. Bornholm hat seine eigene, aus Artillerie, Infanterie und Cavallerie bestehende Besatzung, welche eine in ihrer Art einzige „Landwehr" bildet und von einem Oberstlieutenant commandirt wird. Diesem zur Seite stehen ein sogenannter Exercir-Major und ein Adjutant, die, ebenso wie der Commandant, in der dänischen Armee rangiren. Alle übrigen Offiziere sind Eingeborene. Sie werden vom Oberbefehlshaber designirt und vom Könige zu Offizieren ernannt. Wie ihre Kameraden in der dänischen Armee sind sie durch die Beförderung zugleich geadelt und haben das Recht, das Wörtchen „von" vor ihren Namen zu setzen. Jeder Bornholmer, mit Ausnahme der Prediger, Lehrer und Beamten, ist militairpflichtig, aber er kann in Folge alter Privilegien nicht gezwungen werden, ausserhalb der Insel zu dienen. Die Dienstzeit dauert vom 17. bis zum 60. Lebensjahre. Die jungen „Land-

wehrmänner" werden in wenigen Wochen „einexercirt"
und dann entlassen mit der Verpflichtung, sich alljährlich
zu einer grösseren Truppenübung zu gestellen. Für die
ziemlich einfachen Uniformen haben Offiziere und Mannschaften selbst zu sorgen, der Staat liefert nur die Waffen.
— An der Spitze der Civil-Verwaltung steht der Amtmann, dessen Stellung ungefähr derjenigen eines preussischen Landraths entspricht. Bei Ausübung seiner Dienstobliegenheiten wird er unterstützt vom Amtsrath, der
sich aus Deputirten der Städte und des Landes zusammensetzt und über die Vertheilung der Steuern etc. etc. bestimmt. Unter dem Amtmann stehen vier „Herredsfogde"
oder Districtsvorsteher, unter diesen fünfzehn Schulzen
(Sannemanner) für eben so viele Gemeinden. Ferner sind
als Beamte zu nennen: ein Oberförster, ein Inspector der
Leuchtfeuer, ein Zoll-Inspector mit mehreren Zoll-Controlleuren und vier Strandungs-Commissare. Letztere
haben bei Schiffbrüchen für die Bergung des Strandgutes
und die Unterbringung und Verpflegung der Geretteten
Sorge zu tragen. Ihr Dienst ist kein leichter, denn im
Herbst und Frühling gehen an Bornholms Küsten nicht
selten Hunderte von Schiffen zu Grunde.

Da es mittlerweile Nacht geworden war, konnte ich
den beabsichtigten Besuch der berühmten Terracottenfabrik des Herrn L. Hjorth nicht mehr ausführen. Ich
verabschiedete mich von meinem gefälligen Begleiter und
betrat das Hôtel mit dem Vorsatze, am folgenden Tage
nach Allinge zu marschiren und, sollte ich auch dort
eine Enttäuschung erfahren, sofort die Rückreise anzutreten.

II. Von Rönne nach Allinge.

Die Bornholm besuchenden Vergnügungs-Reisenden
machen vor Beginn ihrer Tour gewöhnlich eine Excursion
nach Almindingen, einem schönen Walde, der $1^{3}/_{4}$ Meilen östlich von Rönne, fast im Mittelpunkte der Insel
liegt. Aber sie verursachen sich dadurch einen Zeitverlust,
den sie vermeiden können, wenn sie den Besuch dieser
Partie auf den letzten Tag ihrer Rundreise verschieben
und, von Nexö nach Rönne zurückkehrend, von Aakirkeby
aus (auf halbem Wege) den Abstecher nach Almindingen

machen. Diese Bemerkung gilt selbstverständlich nur solchen Touristen, die in kürzester Zeit alle interessanten Punkte Bornholms sehen wollen, wozu fünf Tage vollständig hinreichen. —

Am Morgen des 5. August verliess ich Rönne. Der nach Norden führenden, übrigens gut unterhaltenen Strasse folgend, gelangte ich bald an ein liebliches Birkenwäldchen („Sandflugten") das sich links neben der Chaussée fast bis Hasle hinzieht. Durch dieses Gehölz, in welchem sich zwei Vergnügungslokale „Villa-Nova" und „Sommerlyst" befinden, die von den Rönnern an schönen Sommertagen gern besucht werden, schlängelt sich ein lauschiger Pfad, von welchem aus man den Fahrweg immer im Auge behält und hin und wieder die See erblickt. Rechts neben der Chaussée liegen flache Felder, die zum Theil bereits abgeerntet waren.

Das Wetter hatte sich während der Nacht gebessert. Ein weicher Südwind spielte mit den Blättern der noch jungen Bäume, im Laubwerk stimmten die gefiederten Sänger ihre Morgenhymnen an und hier und dort zeigte sich ein Landmann, der seinen Acker bestellte.

Ungefähr eine Meile von Rönne gelangt man, Angesichts eines rechts liegenden grossen Hügels, an eine Brücke („Brogaardsbrücke"), neben welcher links ein schöner Runenstein steht. Derselbe hat die Form einer Stele, ist ca. 12 Fuss hoch und gegen 4 Fuss breit. Die zwischen mehreren parallel laufenden Ellipsen eingehauene Inschrift ist gut erhalten und berichtet, dass ein gewisser Herr Svenk vor nun 1000 Jahren diesen Stein zum Andenken an seinen Vater, seinen Bruder und seine Mutter errichten liess. Der Mutter wird zuletzt Erwähnung gethan, was freilich von keiner besonderen Galanterie gegen die Damen bei den „blonden Vorfahren" der Bornholmer zeugt. Zu beiden Seiten des Runensteines liegen behauene Granitblöcke, auf denen der Wanderer sich ausruhen und, falls er Neigung verspürt, den selig Entschlafenen des Hrn. Svenk eine „Zähre der Rührung" weihen kann. Noch eine kurze Strecke und man erreicht:

Hasle

ein Städtchen von 1000 Einwohnern, in dessen unmittelbarer Nähe sich ein Kohlenbergwerk befindet, das zu besuchen ich leider unterliess. Leider, denn wie ich später erfuhr, sind daselbst viele interessante Petrefacten gefunden worden, welche der Director den Reisenden bereitwillig zeigt. Auch die Besichtigung der Grube selbst wird auf Wunsch gern gestattet und soll wohl der Mühe lohnen. Die Bergleute sind in der Mehrzahl Ausländer, Schweden und Deutsche. Früher arbeiteten dort viele Bornholmer, aber ihr Aberglaube legte dem Betrieb mancherlei Hindernisse in den Weg. So weigerten sie sich z. B. einmal, einen Stollen weiter zu treiben, weil sich, ihrer Meinung nach, hinter der zu durchbrechenden Schicht zur Zeit gerade die „Unterirdischen" aufhielten, deren Hämmern und Pochen sie gehört haben wollten. Sie waren nicht zu bewegen, die Arbeit fortzuführen und mussten durch andere Kräfte ersetzt werden. Bei Hasle, südöstlich und nordwestlich, liegen ferner mehrere Grabhügel aus dem Eisenalter und ein alter Begräbnissplatz mit „Brandstellen".*)

Hinter Hasle macht die Strasse eine Krümmung nach Nordosten und steigt allmälig bergan. Als ich, nach kurzer Rast in Hartz' Gasthof, meinen Marsch fortsetzte, zogen am südlichen Horizont dunkle Wolkenmassen herauf, die nichts Gutes verhiessen. Auch der Wind war stärker geworden. Eine halbe Stunde später begann es zu regnen, leise aber „nachdrücklich", so dass ich bald total durchnässt war. Da erblickte ich vor mir, links dicht an der Strasse, eine einsam stehende Kirche, die aus einiger Entfernung betrachtet, eine gewisse Aehnlichkeit zeigt mit einem kleinen Festungswerk. Es ist die $1/_2$ Meile von Hasle entfernte Ruths-Kirche, welche, im Rundbogenstil erbaut, auf einem 436' hohen Hügel steht. In früheren Zeiten mag sie wohl als Vertheidigungswerk gedient haben. Dafür sprechen die mächtigen Mauern, sowie die ganze Anlage. Jedenfalls ist sie sehr alt. Ein kleiner Friedhof umgiebt sie. Trotz des Regens nahm ich mir doch die Zeit, einige Grabinschriften zu lesen. Unter ihnen fiel mir besonders die folgende auf:

<blockquote>
„Da skal i eder fryde
Og i Jer Fryd fortryde
At i for mig har greedt;
I det som Gud mon ville
Jer overgever stille
O saa gjör han vist Hjertet let"
</blockquote>

die, wenn auch nicht dem Wortlaut, so doch dem Sinn

---

*) Schwarze Flecke mit verbrannten Gebeinen aus der älteren Eisenzeit.

nach, mit unserm schönen Liede „**Was Gott thut, das ist wohl gethan**" übereinstimmt.

Lange vermochte mich der Ort unter diesen Witterungsverhältnissen nicht zu fesseln. Noch einen Blick auf die in der Ferne wild wogende See werfend und das düstere Bild meinem Gedächtniss einprägend, verliess ich die an den Tod gemahnende Stätte und betrat nun, etwa hundert Schritte weiter, einen links von der Chaussée abzweigenden Feldweg, der durch das sogen. „Kaempedal" direct nach der viel gerühmten „Jons-Kapelle" führen sollte.

Die Gegend, welche ich während der ersten halben Stunde durchschritt, ist flach und ohne landschaftliche Reize. Es sind Felder, deren dünne Ackerkrume das darunter liegende Gestein an vielen Stellen durchblicken lässt. Zwischen ihnen zieht sich der Weg hin, lang, unabsehbar. In weiten Entfernungen liegen Gehöfte zerstreut, jedes für sich eine abgeschlossene Welt bildend. Auch am Wege steht ein solches. Ich trat ein und bat um ein Glas Milch. Eine Bauerfrau nöthigte mich in die schmucklose Stube und brachte mir das Verlangte. Ich fragte, wie weit es noch bis zur „Jons-Kapelle" sei. Sie schüttelte lächelnd den Kopf und präsentirte mir, als ich die Frage wiederholte, ein zweites Glas. Darauf holte sie Brot und Butter herbei. Nochmals fragte ich, zuerst dänisch, dann so gut es ging bornholmisch. Die Frau antwortete in einer Sprache, die ich nicht verstand. Plötzlich schien ihr eine Eingebung gekommen zu sein. Sie nahm ein auf der Kommode liegendes Buch, schlug es auf und zeigte es mir. Es war eine Schrift für Pietisten in schwedischer Sprache. Die Frau war also eine Schwedin und eine Pietistin zugleich. „Pietista?" fragte ich. „Ju väl, I oekså?" entgegnete sie. Ich nickte, obschon ich nichts weniger als Pietist bin. Da ergriff die Frau meine beiden Hände und drückte sie herzlich. Bezahlung für die Erfrischung wollte sie nicht annehmen. So schied ich denn mit einem „Jag betackar mig!"

Nach und nach verlor das Land sein uniformes Aussehen. Die Gehöfte lagen näher an einander und hin und wieder zeigten sich Obstgärten. Dann folgte eine Strecke Wald, diesem ein Felsbruch und endlich wurde die Chaussée wieder sichtbar. Ich hatte den richtigen Weg also verfehlt, meinen Marsch aber gleichwohl um eine beträchtliche Strecke abgekürzt, denn das alterthümliche Gebäude, rechts an der Strasse, konnte nur die unweit von Allinge stehende „St. Oles-Kirche" sein. Ich hatte mich nicht getäuscht und schritt erwartungsvoll dem Ziele meines ersten Tagemarsches entgegen. In Allinge sollte es sich ja entscheiden, ob ich die Reise nach Bornholm umsonst gemacht.

III. Allinge. — Die Jons-Kapelle.

Gegen Mittag erreichte ich Allinge, ein Städtchen von ca. 800 Einwohnern, welches auf der Nordspitze der Insel, am Fusse des Felsplateau, unmittelbar an der steinigen Küste liegt und mit dem nur zehn Minuten entfernten Ort Sandvig eine Commune bildet.

Da es noch immer regnete, beeilte ich mich, ein Unterkommen zu suchen. Nach Grove's „Reisehandbuch für Dänemark" und Woldt's Notizen über Bornholm soll Allinge zwei Hôtels, „Skandia" und „Hammerhuus", besitzen, von denen das erstere mit Angabe der Preise besonders empfohlen wird. Aber vergeblich fragte ich die Leute auf der Strasse nach dem einen und dem anderen dieser Gasthäuser; sie schüttelten die Köpfe und wussten mir keine Auskunft zu geben. Missmuthig durchwanderte ich die Stadt, überall spähend, allein ohne Erfolg. Entweder existirten die Hôtels überhaupt nicht, oder sie waren inzwischen eingegangen. Die letztere Annahme wurde mir übrigens später bestätigt. Von neugierigen Blicken verfolgt, trat ich endlich in einen Kramladen in der Nähe des Hafens und wiederholte hier meine Frage wohl zum zehnten Mal. Der Zufall war mir günstig: er hatte mich an die rechte Stelle geführt, nämlich in das Gasthaus selbst, das einzige im Orte, welches ein Herr Marcher hält.

So war ich denn für den Moment geborgen und besser, als ich es erwartet hatte. Das mir angewiesene Zimmer war sauber und freundlich, das schnell zubereitete „Middesmâd" vortrefflich. Auch in der Folge durfte ich mit der Bewirthung wohl zufrieden sein. Der biedere Besitzer des Hauses gab sich alle Mühe, mir den Aufenthalt in demselben so angenehm wie möglich zu machen. Nach Tische offerirte ich ihm eine Berliner

Cigarre und er liess zwei Glas Bornholmer Grog kommen.
Da sassen wir nun und plauderten, während der Regen
gegen die Fenster prasselte und die See schwere Wogen
mit donnerndem Geräusch gegen den klippenreichen
Strand rollte. Das abscheuliche Wetter erhöhte nur die
Behaglichkeit des Zimmers. Von hier aus überblickt
man den kleinen, zum Theil im Granit ausgehauenen,
Hafen, an welchem die Commune nun schon seit mehr
als einem Decennium mit unermüdlicher Ausdauer baut.
Ein ansehnlicher Damm, aus Quadersteinen aufgeführt,
schützt denselben gegen die See, über deren schaum-
gekrönte Wellenberge Schaaren von Möven mit unheim-
lichem Kreischen pfeilschnell dahinflogen. Das Bild,
welches sich meinem Auge darbot, war ungemein düster
und ich konnte mich einer gewissen Bedrückung nicht
erwehren. Mein Wirth, der diesen Eindruck bemerkt
hatte und, wie alle Bornholmer, sich auf das Wetter versteht, versicherte mir, dass der Regen nicht lange andauern
und Allinge sich bald in einer freundlicheren Beleuchtung
zeigen werde. Und er hatte recht, denn schon nach
einer Stunde hatte Gott Pluvius sein Füllhorn anscheinend erschöpft; freilich nur für kurze Zeit, aber es war
gleichwohl eine Wendung zum Besseren.

Den Moment benutzend, begab ich mich an den
Strand, um zunächst eine kleine Umschau zu halten.
Was ich hier sah, übertraf alle meine Erwartungen. Erscheint die Umgebung des Ortes, von der aus der Höhe
niedersteigenden Chaussée her betrachtet, monoton und
wenig anziehend, so zeigt sich dieselbe jetzt so verändert,
dass man sie kaum wieder erkennt. Der Grund für diese
Metamorphose liegt darin, dass man vom Plateau aus
nur eine kleine Strecke des Strandes zu übersehen vermag, da die Felsen rechts und links von Allinge bis
dicht an die See heran treten und nun plötzlich fast
perpendiculär abfallen. Gegen diese Felsmassen hat das
Meer seit vielen Jahrhunderten angekämpft und tiefe
Risse und Schluchten hineingewaschen. Verloren die
isolirten Felspartien nun ihre Stützpunkte, so stürzten
sie, dem Anprall der Wogen nachgebend, zusammen und
bildeten die bizarrsten Formen, welche besonders nach
Osten hin ausserordentlich mannigfaltig erscheinen.
Die Bestandtheile dieser Felsen sind Granit mit röth-
lichem Feldspath, schwarzgrüner Glimmer und weisser
reinkörniger Quarz, der auch Granaten enthält. Chaotisch

liegen Blöcke in allen Grössen am Ufer hingestreut, zuweilen überdeckt von Seetang, in welchem Legionen von Insecten ihre Brutstätten haben. Die Flora ist hier, wie in der ganzen Umgebung des Ortes, höchst dürftig und die Fauna sah ich nur durch einige Strandvögel, namentlich Möven, vertreten. Richtet man den Blick südwärts, so zeigt sich Allinge mit seinem kleinen Kirchthurme terrassenförmig am Abhange aufgebaut. Mitten vor der Stadtfront vertieft sich das Felsbassin, künstlich erweitert, zum Hafen, in welchem eine Flotille von Fischerbooten vor Anker liegt, mehr westwärts, rechts neben dem Hafen springt eine kleine Landzunge vor, auf welcher sich dem Auge des Besuchers ein schreckenerregender Anblick bietet. Hier liegen nämlich zahlreiche Trümmer gestrandeter Schiffe: mächtige Anker, Ketten, Maschinen, Balken, ganze Cabinen und Masten und erinnern daran, dass man sich auf einem der für Seefahrer gefährlichsten Punkte des Felseneilandes befindet. Düster wie das Bild selbst war auch der Rahmen, der es umfasste; schwarzgraue Wolken hingen im weiten Kreise herab, gleich einem ungeheueren Trauerflor. Ein entsetzliches Sausen und Brausen betäubt das Ohr und der Mensch fühlt sich unendlich klein inmitten der wilden Scenerie. Und doch ist dies nur der erste Act der grossartigen Naturtragödie, die sich nun nach und nach vor den Augen des Reisenden abspielt.

Nach dieser Umschau suchte ich meinen Reisegefährten Holm auf. Er war sofort bereit, die verabredete Tour nach der Jons-Kapelle mit mir zu machen, wenn ich — wie er bemerkte — von dem Vormittagsmarsche nicht zu ermüdet wäre. Das war nun nicht der Fall und im Hinblick darauf, dass am folgenden Tage das Wetter noch ungünstiger sein und die Partie thatsächlich „verwässern" könnte, nahm ich sein freundliches Anerbieten an.

Um vier Uhr begannen wir unsere Wanderung, die uns auf der Chaussée zunächst nach Sandvig führte. In diesem Appendix von Allinge, der ca. 225 Seelen zählt, war mein Begleiter längere Zeit Lehrer gewesen und wünschte nun, das kleine Schulhaus und seine ihm so wohlbekannten Räume einmal wieder zu sehen. Auf dem Wege dahin wurde er oft angesprochen, denn alle Welt kannte ihn und hatte ihn augenscheinlich gern, vom ältesten Mütterchen herab bis zu den kleinen Jungen in

Pumphosen. Das war ein Begrüssen und Fragen im reinsten Bornholmer Patois, von dem ich nur einige Brocken verstand, und ein Händedrücken, bei welchem auch ich nicht leer ausging. So manche schwielige Seemannshand schüttelte da die meine, manchmal so stark, dass die Gelenke knackten und ich einen Ausruf des Schmerzes nicht unterdrücken konnte. Ja, ja, lachten die herkulischen Männer dann, das ist so Bornholmer Art. Im Lehrerhause empfing uns der Amtsnachfolger des Herrn Holm, ein intelligenter junger Mann, der uns die reinlich gehaltene Schulstube zeigte und uns dann eine Strecke begleitete.

Partie des Hammerberges.

Hinter Sandvig biegt die Fahrstrasse links ab und steigt bergauf. Wir verliessen dieselbe und folgten einem Pfade, der uns in der Richtung nach Südwest bald an den Hammersee führte. Dieser See ist das grösste und zugleich tiefste Binnengewässer der Insel. Er liegt nur fünf Minuten vom Meere entfernt und würde, mit diesem durch einen Kanal verbunden, den schönsten Hafen der Welt bilden. Wie ich hörte, hat man an die Ausführung eines solchen Projectes bereits gedacht, aber die Schwierigkeiten des Durchbruches sind so gross und kostspielig, dass man wieder davon Abstand nehmen musste.

Schlossruine Hammershuus.

Stromer, Die Insel Bornholm.

Man hätte nämlich diesen Kanal durch eine mächtige Granitschicht zu sprengen, und was das sagen will, wissen die Einwohner von Allinge durch langjährige Erfahrungen. Der Ausbau ihres kleinen Hafens hat ihnen schon schweres Geld gekostet und dürfte bis zu seiner Fertigstellung noch bedeutende Summen verschlingen. Freilich würde ein Hafen an dieser Stelle den übrigen Häfen der Insel erfolgreiche Concurrenz machen und alljährlich Hunderte von Schiffen vor dem sicheren Untergang retten. — Der Hammersee ist auf der Landseite von Bergen umgeben. Der grösseste dieser letzteren heisst der Hammer oder der „Steilebjerg". Er besteht aus übereinander gethürmten Granitfelsen, steigt als eine Art Vorgebirge senkrecht aus dem Meere ca. 300 Fuss hoch empor und trägt auf seiner Kuppe einen Leuchtthurm, dessen Feuer einen weiten Horizont, das ganze sogenannte Hammermeer, beherrscht. Von hier aus kann man bei hellem Wetter die sechs deutsche Meilen entfernte schwedische Küste sehen.

Südlich von Hammer erhebt sich ein anderer Felsenberg, der nach den Ruinen auf seinem Rücken Hammershuus, von den Bornholmern auch „Slotted" (das Schloss) genannt wird. Er war das nächste Ziel unserer Wanderung. Um dasselbe auf dem kürzesten Wege zu erreichen, mussten wir in eine ziemlich tiefe Schlucht hinabklettern, welche zwischen dem Hammer und dem Ruinenberg eine kleine nach Westen zu offene Meeresbucht bildet. Nicht ohne einige gefährliche Rutschpartien, zweimal dicht am Rande schauerlicher Abgründe vorbei, gemacht zu haben, gelangten wir in die Tiefe. Hier brauste und dröhnte es, als wollte die Insel jeden Augenblick bersten. Schlüpfriges, von der See bespültes Gestein bedeckt den Boden, Felsen, starre Felsen umgeben die Schlucht auf allen Seiten. Kein Baum, kein Strauch belebt diese Einöde, wohin der Blick fällt, überall zeigt sich, starr und kalt, der verwitterte Granit, gegen den die brandende See Woge auf Woge schleudert. Selbst den Möven mag diese Stätte ungastlich scheinen, denn wir bemerkten daselbst keinen einzigen dieser auf Bornholm fast überall heimischen Vögel. Nach kurzer Rast verliessen wir den unheimlichen Ort und stiegen wieder bergan. Langsam nur kamen wir vorwärts, da der glatte Boden das Gehen ungemein erschwerte. Endlich erklommen wir den letzten Höhepunkt. Da lagen sie vor uns, die Ruinen von Hammershuus, welche als die schönsten und interessantesten in Dänemark mit Recht gerühmt und durch Grösse und Umfang schwerlich von irgend einer Burgruine des Auslandes übertroffen werden. Es muss ein gar gewaltiger Bau gewesen sein, der sich einst hier erhob, eine trutzige Veste, mit Türmen, Ringmauern und einer starken Besatzung. Wie sie sich jetzt dem Besucher zeigt, ist sie ein Bild gefallener Grösse, aber einer Grösse, die, selbst nach dem Sturz noch, Achtung gebietet. Ernst und düster erschienen uns diese Ruinen. Wolken huschten darüber hin, vom Nordwind gepeitscht, der in dem alten Gemäuer pfiff und stöhnte. Der Horizont war begrenzt: wir vermochten nur einen kleinen Umkreis zu überblicken und kaum noch den Leuchtthurm auf dem Hammer zu erkennen. Auf der Westseite schäumte die wogende See, im Süden thürmen sich Felsen auf Felsen, und nach Südosten gehen die Höhen in coupirtes Terrain über

Nähert man sich der Burg von Osten, also auf dem directen Wege von Allinge, so gelangt man an eine Steinbrücke, welche über den Wallgraben in einen geräumigen Vorhof führt. Eine (nach J. P. Trap*) ca. 1200 Ellen lange äussere Ringmauer umgiebt denselben und steht in Verbindung mit einer inneren Ringmauer, die ein Polygon bildet und auf der Südwestseite zwei Rundthürme trug. Innerhalb dieser zweiten Mauer erhob sich das eigentliche Schloss als ein mächtiger Gebäudecomplex, der noch heute die einstige Bestimmung der Räume ohne Mühe erkennen lässt. Dem Grundrisse nach ein verschobenes Viereck, bestand dasselbe aus einem sechs Stock hohen Mantelthurme, der Schlosskirche, den Herrschaftswohnungen und den Räumen für das Dienstpersonal. Das Souterrain enthält ein Burgverliess und mehrere Keller. Diesen Colossalbau umgaben längs der Mauer Wartthürme, Kasernen und Magazine. Noch bemerkt man in der nordöstlichen Ecke des Vorhofes die Ueberreste eines Gebäudes, welches der Besatzung bei Ausfällen als Versammlungs- und Zufluchtsort gedient haben mag. Das Ganze macht den Eindruck einer kleinen, aber zur Zeit, als das Schiesspulver noch nicht erfunden war,

---

*) **Statistisk-topographisk Beskrivelse af Kongeriget Danmark. Kopenhagen. 1872.** Das beste derartige Werk über Dänemark.

uneinnehmbaren Festung. Aufgeführt ist dieselbe zum grossen Theil aus Felssteinen. Zu späteren Anbauten und Reparaturen sind Mauersteine verwandt. Ueberall ist der Mörtel so fest, dass es schwer fällt, zu Boden gestürzte Mauerstücke zu zerschlagen.

Im Wallgraben und zwischen den Ruinen wuchern Brombeersträucher, Schlinggewächse aller Art und wilde — Rosen, von denen mehrere in vollster Blüthe standen. „De smukke Blomsker" — wie der Bornholmer sagt — boten uns ein freundliches Willkommen und liessen uns der Dornen nicht achten, die hämisch hin und wieder die Haut ritzten. Sträusse pflückend, wanden wir uns durch Hecken und Gebüsche, kletterten über Geröll und Mauern, stiegen hinab in die Keller und traten dann durch eine Schlupfpforte wieder in's Freie, wo uns ein feiner Sprühregen empfing und zu einer Berathung zwang, ob wir die Tour fortsetzen, oder nach Allinge zurückkehren sollten. Wir entschieden uns für das erstere, ich mit dem Vorsatze, am folgenden Tage die Ruinen von Hammershuus noch einmal und zugleich das am Fusse des Berges liegende „Paradiesthal" zu besuchen, das uns heute leider verschlossen blieb. Auch auf die Besichtigung zweier Höhlen mussten wir verzichten. Sie führen von der Seeseite in die Felsmassen. Die kleinere von beiden, „den törre Ovn" (der trockene Ofen) benannt, kann man zu Fuss erreichen, wenn man die Felsen hinab klettert, was indess nur schwindelfreien Personen zu rathen ist. An jenem Tage war das Gestein so schlüpfrig, dass schon ein Versuch lebensgefährlich gewesen sein würde. In die zweite, grössere und bei Weitem interessantere, Höhle „den vaade Ovn" (der nasse Ofen) kann man bei günstigem Winde nur mittelst Boot gelangen. An eine solche Fahrt war natürlich nicht zu denken. Kein Fischer der ganzen Insel würde während des anhaltenden Sturmes das Wagstück unternommen haben. —

Wieder stiegen wir bergan. Immer wilder, grossartiger zeigt sich das Felsenpanorama. Wir passiren „Slotslyngen" (die Schlosshaide) und schreiten in schwindelnder Höhe auf einem schmalen Pfade dahin. Er führt uns bergauf, bergab, über zackiges Gestein und durch Schluchten, stets an der brandenden See entlang. Braunes Haidekraut wächst links am Wege, rechts hängen Epheuranken über zerbröckelnde Felswände. Hin und wieder hat auch eine wilde Rose Wurzeln gefasst und Knospen und Blüthen getrieben, die unbeachtet verwelken oder vom Sturm zerzaust werden. Noch ein halbstündiger Marsch, und wir sehen, rechts in der Tiefe, das kleine Fischerdorf Vang, welches seinen Namen (Aue) durch nichts rechtfertigt. Abgeschlossen von der Welt liegt es da, am Fusse der Felsen, ein Ultima Thule. Seine Bewohner sind Fischer, rauhe, durch den Kampf mit den Elementen abgehärtete Männer, die „Europens übertünchte Höflichkeit nicht kennen und ein Herz, wie Gott es ihnen gegeben, von Cultur noch frei, im Busen fühlen". Von Vang aus erreicht man, die See immer rechts behaltend, in etwa $^3/_4$ Stunde eine 252 F. hohe, jäh in's Meer fallende, Klippenwand, die sogenannten „Ringebakker", in deren Nähe die „Jons-Kapelle" sich befindet. Letztere entzieht sich dem Blicke so lange, bis der Wanderer vor dem Felsspalt steht, welcher den Zugang vom Lande ermöglicht.

Der sich hier darbietende Anblick wirkt unmittelbar, überwältigend. Zwischen zwei senkrechten Granitwänden, die zuerst allmälig, dann kreisförmig auseinander treten und einen nach dem Meere zu offenen Felskessel umschliessen, führt eine steile Treppe von 110 Stufen hinab in die Tiefe, in welcher aus chaotisch umherliegendem Geröll ein Felsblock wohl vierzig Fuss hoch emporragt und eine natürliche Kanzel bildet, während hinter demselben andere Klippen scheerenförmig in die See treten, die, grollend und schäumend, in ohnmächtiger Wuth Welle auf Welle in die Rotunde schleudert. Hier hat der Sage zufolge in alten Zeiten Jon, der erste Missionar auf der Insel, den Einwohnern gepredigt und er hätte in der That keinen passenderen Ort wählen können, denn dieses Felsenthal bildet einen Dom, so hehr und feierlich, dass heilige Schauer die Seele des Besuchers beschleichen und sie eindrucksfähig machen dem, was das Buch der Bücher lehrt. Vervollständigen wir das Bild und denken uns den ehrwürdigen Missionar auf der Kanzel, umgeben von Zuhörern, die in rauhe Felle gekleidet, auf den Steinen rings umher sitzen, schweigend, erwartungsvoll. Ueber der Halle wölbt sich der Himmel, vor derselben rauscht geheimnissvoll das Meer. Da öffnet der Priester das Buch und beginnt:

„Und die Erde war wüste und leer,
Und es war finster auf der Tiefe,
Und der Geist Gottes schwebte auf dem Wasser" — — —

Und in den Felsen hallt es wieder und von der See her weht ein Hauch über und durch die Versammlung. Der Redner aber fährt fort:

"Da machte Gott die Veste und schied das Wasser unter der Veste von dem Wasser über der Veste." — — — —

Zu welchen Excursen bot dieser Ort nicht willkommene Gelegenheit! Wüste und leer waren die Felsen im Anfang aller Dinge. Dann streute das Machtwort: „Es werde!" Keime des Lebens in ihre Spalten und hervor sprossten grüne Blätter und immer fort wachsende Ranken. Es war der Epheu, das Symbol des Glaubens und der Hoffnung. Nach dem Epheu erschien die Rose als Sinnbild der Liebe. Immer hat sie mit jenem gute Nachbarschaft gehalten und noch heute findet man beide hier und an vielen Punkten der Insel in inniger Umarmung. —

Lange standen wir am Eingang und betrachteten schweigend das unbeschreiblich grossartige Panorama. Sodann stiegen wir in die Halle hinab, erkletterten die „Kanzel und suchten nach Höhlen, deren ich vier von verschiedener Grösse entdeckte. Alle Müdigkeit war vergessen und kaum achteten wir darauf, dass das matte Tageslicht allmälig in ein nebelerfülltes Düster überging. Endlich aber mussten wir doch an den Rückweg denken, der im Finstern reich an Gefahren ist.

Die Nacht brach an, als wir den Ort verliessen. Drei Stunden hatten wir bis Allinge zu marschiren, im Regen und in der Dunkelheit. Oft glitten wir aus und stürzten in Vertiefungen, aus denen wir uns nur mühsam und mit zerschundenen Gliedern empor zu arbeiten vermochten. So auf dem schmalen Felsgrat vorwärts strebend, erreichten wir gegen 9 Uhr Vang. Dort traten wir, da es an einem Gasthaus fehlt, in eine Fischerhütte, in welcher man uns auf unsere Bitte bereitwillig einige Erfrischungen vorsetzte. Letztere bestanden aus frischer Milch, Brot, Butter und grünen Heringen, wofür wir den ausserordentlich geringen Preis von 40 Oere (ca. 45 Pfge.) zu bezahlen hatten. Durch das frugale Mahl gekräftigt, setzten wir unsern beschwerlichen Marsch fort und gelangten, müde zum Hinsinken, um 11 Uhr nach Allinge. Mein Wirth hatte mich erwartet, nicht ohne Befürchtung, dass uns auf der Tour ein Unfall zugestossen sei. Er wollte seinen Ohren nicht trauen, als ich ihm sagte, dass wir die Jons-Kapelle besucht hätten. Freilich war dieser

Marsch einer der anstrengendsten, die ich je gemacht, denn ich hatte an jenem Tage etwa sieben Meilen zurückgelegt. Aber ich war durch die empfangenen Eindrücke im höchsten Grade befriedigt und konnte, wie Graf Pückler von den Adersbacher Felsen, so mit Recht von der Strandpartie zwischen Hammershuus und Jons-Kapelle*) sagen, „dass dieselbe eine Reise von 500 Meilen reichlich lohne."

IV. Im nassen Ofen.

Als ich am folgenden Tage erwachte, durchfluthete heller Morgensonnenschein das Zimmer. Vor den Fenstern zwitscherten die Schwalben und im Hause wurden Stimmen und Schritte laut. Ein Blick auf die Uhr machte mich emporfahren, denn ich wollte den Vormittag nicht unbenutzt vorübergehen lassen.

Nachdem ich gefrühstückt und mit meinem freundlichen Wirthe einige Minuten geplaudert hatte, sichtete ich die botanische und mineralische Ausbeute des vorigen Tages und schrieb einige „Brevkorter", die ich sodann zur Post trug. Hier lernte ich in Herrn Postmeister Marckmann, einen ebenso vielseitig gebildeten wie liebenswürdigen Mann kennen, welcher die vier wichtigsten Aemter der Stadt verwaltet: er ist nämlich Bürgermeister, Zollcontrolleur, Telegraphen-Director und Postvorsteher in einer Person. Zuerst hielt er mich für einen Engländer, war aber nicht unangenehm enttäuscht, als ich mich ihm als Deutscher zu erkennen gab. Da er selbst ein wenig „Tyscht" spricht, so mochte ihm die gewiss seltene Gelegenheit, mit einem Deutschen über deutsche

---

*) Wie schon bemerkt, führt auch ein Feldweg, der sich von der Chaussée zwischen Hasle und Allinge, hinter der Ruths-Kirche links abzweigt, nach dem Strande und zur Jons-Kapelle. Da der Tourist jedoch der Eventualität ausgesetzt ist, Umwege zu machen und lange zu suchen, so empfiehlt es sich, zuerst nach Allinge zu gehen und von **hier die Partie zu unternehmen.**

Verhältnisse zu sprechen, vielleicht willkommen sein. Er stellte mich seiner Familie vor und lud mich zn Abend ein.

Angenehm berührt durch dieses herzliche Entgegenkommen, schritt ich dem Strande zu, um an demselben entlang noch einmal nach Hammershuus zu wandern. Mein Weg führte mich am Friedhof vorüber, auf welchem die kleine Kirche des Ortes steht. Letztere stammt aus dem 16. Jahrhundert, gleicht in ihrem Aeusseren etwa einer deutschen Dorfkirche und enthält nichts besonders Merkwürdiges. Auf dem Gottesacker liegen mehrere alte Grabsteine aus der Zeit der Lübecker Herrschaft über Bornholm, u. a. einer (in der Vorhalle), der den Namen des ehemaligen Hauptmanns von Hammershuus, Blasius von Wikede († 1547) trägt. In den Strassen herrschte wenig Leben; nur hin und wieder zeigten sich Passanten in ihrem Sonntagsstaat, die Männer mit Holzschuhen auf Stelzen, die im ersten Moment seltsam erscheinen, auf den ungepflasterten Wegen sich aber wohl praktisch erweisen mögen.

Am Strande war es recht einsam. Man hörte nichts als das leise Plätschern der Wellen, sah nur das nackte Gestein und die weite azurblaue Wasserfläche, in welcher die Sonne sich spiegelte. Hier und dort sprang ein Fisch auf, während in den Lachen am Ufer träge Quallen sich sonnten. Wie hatte das Bild sich doch plötzlich verändert! Gestern wogte und brauste das Meer, vom Sturm aufgewühlt, heute lag ein hehrer Friede darüber ausgebreitet; Wind und Wellen ruhten, die Natur feierte Sabbath. Unwillkürlich dachte ich da an ein anderes Bild, das ich jüngst in Berlin gesehen hatte, an Böcklin's wunderbare „Meeres-Idylle". Nur wer das Meer kennt mit seinen Schrecken und mit seinen Reizen, wer es gesehen in seiner entfesselten Kraft und in seiner stillen Grösse, wer seine Geheimnisse belauscht hat, vermag jenes Bild ganz zu verstehen. Der Künstler könnte das äusserliche Motiv sehr wohl der Umgebung von Allinge entlehnt haben. Ragt doch in einiger Entfernung von der Küste eine bräunliche Klippe aus der Tiefe. Dort zeigt sich bei stürmischem Wetter ein dunkelfarbiges Ungeheuer, welches, halb Fisch, halb Mensch, Tod drohend in die Ferne schaut. Wehe dem Schiffe, das in seine Nähe kommt; es ist dem Verderben geweiht. An sonnigen Tagen aber ruht auf dieser Klippe ein ideal schönes Weib. Wer es gesehen, den erfasst unnennbare Sehnsucht, er muss hinaus auf die See und kann sie nimmer lassen, denn sie selbst ist ja jenes Weib, das ihn ganz besitzen, ihn auch im Tode noch sein nennen will. Dann nimmt die Meeresbraut ihn in ihren Krystallpalast, legt sein Haupt an ihren Busen und singt ihm süsse Schlummerlieder. Auch ich meinte, die Herrliche zu sehen, so wie sie Böcklin's Pinsel auf die Leinwand gezaubert. Hold lächelte sie mich an und doch gewann ich's über mich, zu gehen. Sie aber folgte mir und schwebte wie ein Phantom dahin über die Wasser. Als ich den Strand verliess und hinter Allinge mich landwärts wandte, da blitzten ihre Vergissmeinnichtaugen noch einmal auf; dann war sie verschwunden.

Der Strasse folgend, liess ich heute, nachdem ich Sandvig passirt, den im Sonnenschein wie Silber schimmernden „Hammer" rechts und gelangte nach etwa einer halben Stunde an ein einzelnes Gehöft, in welchem Schankwirthschaft betrieben wird und auf Bestellung auch Zimmer (à 1 Krone) zu haben sind. Von hier aus erreicht man in wenigen Minuten das am Fusse des Ruinenberges liegende „Paradiesthal", das seinen Namen wahrlich mit Recht führt. Aus der kahlen, starren Felsenwelt tritt der Wanderer plötzlich, ohne Uebergang, in eine bewaldete Schlucht, deren üppige Vegetation in Erstaunen setzt. Und mitten durch dieses Thal, um den Fuss des Berges herum, nach der See zu, zieht sich ein Promenadenweg, wie ich ihn auf allen meinen Reisen nie schöner gesehen habe. Auf beiden Seiten desselben stehen in dichten Hecken Rosen und Hollunderbüsche, die sich, etwas über Manneshöhe, über den Weg neigen und so einen natürlichen gewölbten Gang bilden, der mit Wohlgerüchen erfüllt und selbst bei der grössten Hitze stets kühl und schattig ist. Durch diesen Gang schritt ich, mich ganz dem Naturgenusse hingebend, thatsächlich auf Rosen daher, deren Blätter den Boden bedeckten. Im Dickicht sangen die Vögel und zirpten die Grillen und vor mir flatterte ein Schmetterling, der mit den hier und dort durch das grüne Laubdach blitzenden Sonnenstrahlen zu spielen schien. Allmälig erweitert sich der Weg. Ein schwellender Rasenteppich, mit einigen Bäumen bestanden, liegt zur Linken, während rechts hohe Farren träumerisch ihre Fächer wiegen. Noch eine kurze Strecke durch dieses Eden und der Wanderer bleibt überrascht, entzückt stehen, denn vor ihm liegt die See, tiefblau, wie ein mächtiger **Stahlspiegel**. Ein frischer Wind weht herüber und kräuselt kleine Wellen, die flockigen Schaum aufwerfend, muthwillig gegen die am Ufer liegenden Felsblöcke springen. Ich stieg hinab, um dem anziehenden Schauspiel ein Weilchen zuzusehen.

Rechts neben der Mündung des Thales führt ein Pfad hinauf zur Burg und von dort auf die Nordseite des Berges, wo sich der „Nasse Ofen" befindet. Diesen zu sehen, war eigentlich der Zweck meiner Morgenwanderung, welche ich nach kurzer Rast in der bezeichneten Richtung fortsetzte. Nun hatte ich über die stets wechselnden Eindrücke der Gegend ganz vergessen, dass man in der unmittelbaren Nähe der Höhle kein Boot findet und ein solches entweder in Sandvig oder in Vang miethen muss. Nach Sandvig zurückzukehren hatte ich keine Lust, Vang lag mir zu weit entfernt, den „**Nassen Ofen**" wollte ich aber gleichwohl sehen. Da war denn guter Rath theuer. Ich sann vergeblich auf ein Mittel, bis mir endlich einfiel, dass ich ein Boot vielleicht entbehren und die Höhle durch Schwimmen erreichen könnte. Das Wasser war lau und ein Seebad mit diesem Zwecke ungemein verführerisch. Rasch machte ich den Gedanken zur That und befand mich bald zwischen den Klippen im Wasser.

Da ich im Schwimmen nicht ohne Uebung bin, so hielt ich die Ausführung meines Projectes für leicht, sah jedoch bald ein, dass ich mich darin getäuscht hatte. Der Wellenschlag war stärker als ich gedacht und mehrmals wurde ich recht unsanft gegen die vorspringenden Felsen gestossen, um nicht zu sagen geschleudert. Aber ich wollte die Höhle nun einmal sehen, da galt es denn ausdauern. Audacem fortuna juvat! vorwärts also! Immer schwieriger wurde es gegen die Springwellen anzukämpfen und je weiter ich kam, desto fühlbarer machte sich ihr stossartig wirkender Druck. Schon sah ich die düstere Wölbung, noch eine letzte Anstrengung und eine heranrollende Woge trug mich hinein in den gähnenden Schlund.

Der Strömung folgend, gelangte ich etwa fünfzehn bis zwanzig Schritte weit in's Innere der Höhle. Hier wurde das Wasser merklich kälter und ein trübes Dämmerlicht, das nach der Tiefe zu in vollständige Finsterniss überging, liess die Umgebung im ersten Moment nur un-

Der nasse Ofen.

deutlich erkennen. Vergeblich sah ich mich nach einem Punkte um, auf welchem ich ein wenig ausruhen konnte. Ich war ermattet und vermochte kaum noch die Arme zu bewegen. Aber nirgends, wohin ich auch blickte, zeigte sich eine zum Rasten geeignete Stelle. Tief unter mir lag der Meeresgrund und zu beiden Seiten ragten schwarzgraue Granitwände empor, die, vielfach zerrissen, sich in der Höhe zu einem Spitzbogen vereinigen. Eisig kalte Tropfen rieseln an ihren Flächen herab und machten mich durch ihre Berührung erschauern. Tastend und suchend schwamm ich längs der Wände, bald rechts, bald links, immer vorwärts. Endlich stiess ich mit dem Fusse auf einen harten Gegenstand. Es war ein unter dem Wasserspiegel verborgenes Riff. Halb erstarrt hob ich mich mit Aufbietung aller Kräfte auf seine Oberfläche. Da sass ich nun, vollständig erschöpft und dachte mit Grauen an den Rückweg. Würde ich aus dieser Höhle wieder heraus kommen, oder sollte ich hier meines Lebens Ziel erreicht haben? Ich verwünschte meine Unvorsichtigkeit, aber die Reue kam als hinkender Bote. Kaum hatte ich einen Blick für meine Umgebung, die zu betrachten ich doch kurz zuvor selbst Gefahren nicht scheute. Jetzt beschäftigte mich nur der Gedanke, den Ort so schnell als möglich zu verlassen. Alles gemahnte hier an das Grab. Und an diesen Gedanken, der immer bedrückender wurde, hing sich mit Centnerlast die physische Abspannung. Zuweilen schien es mir, als ziehe eine dämonische Gewalt mich in die Tiefe, als müsste ich vom Felsen hinabgleiten und könnte mich nicht mehr halten. Dann machte ich unwillkürlich eine Bewegung, um mich zu überzeugen, dass ich meine Glieder noch in meiner Macht hatte.

Die Distanz zu messen blickte ich auf den Eingang. Geblendet musste ich die Augen schliessen. War, was ich so eben gesehen, Wirklichkeit oder ein berückendes Traumbild? Aber ich wachte ja, hörte das Rauschen und Klatschen des Wassers in meiner Nähe, fühlte den eisigen Luftstrom aus dem Hintergrunde der Höhle. Und doch war das meinen Blicken sich darbietende Naturschauspiel fast zu schön, um wahr zu sein.

In der Ferne blitzte die von der Sonne beschienene See wie flüssiges Silber, im Schatten der Felsen war sie tiefblau. Diese Bläue spiegelte sich wieder in der Wölbung der Höhle, so dass die Granitmassen aussahen wie Saphir. Selbst ihre Dichtigkeit schienen sie verloren zu haben, denn der Ton war so duftig und lichterfüllt, dass auch die Felsen transparent erschienen. Etwas weiter nach dem Innern zu wich das Blau einem leuchtenden Grün, welchem ein helles Roth folgte. Letzteres ging dann über zuerst in ein warmes Braun und endlich in tiefes Schwarz. Blau, grün und rosa schimmerten auch die aufsprühenden Wassertropfen, während aus den Seitenwänden hervortretende Quarzstücke durchsichtigen Edelsteinen aller Farben glichen. Es war ein Anblick, den keine Feder zu beschreiben, kein Pinsel wiederzugeben vermag, eine Variation des Farbenspiels aus der „blauen Grotte" von Capri. —

In Betrachtung versunken, hatte ich meine Lage ganz vergessen. Da schwang Merlin seinen Zauberstab in Gestalt einer emporzüngelnden Welle, die mich rückwärts in's Wasser stürzte. Verschwunden war das wunderbare Bild, ich sah nur noch die weite Höhle mit all' ihren Schrecken. Diesen so schnell wie möglich zu entrinnen, schwamm ich dem Ausgang zu. Schon war ich in der blauen Region, nahe der Mündung, angelangt, als eine neue Welle mich wieder zurückdrängte. Ein zweiter, ein dritter Versuch hatten denselben Misserfog. Meine Situation wurde immer ernster und ich gestehe gern, dass ich nahe daran war, an meiner Rettung zu verzweifeln. In solchen Momenten erscheint Alles düster. Schatten huschen an unserm Blick vorbei, wir hören Stimmen, kämpfen mit Phantomen. — Lasciate ogni speranza! glaubte ich beständig zu vernehmen, überall in Lapidarschrift zu sehen. Entsetzen packte mich, Angstschweiss trat mir auf die Stirn, ich schwamm um mein Leben. Dicht vor dem Ausgangspunkte schmiegte ich mich gegen die Wand und hielt mich krampfhaft am Gestein fest, bis die eben eingedrungene Woge vorübergerollt. Meine Hände bluteten, Arme und Schultern waren zerschunden, aber ich achtete nicht darauf. Jetzt war die Oeffnung frei..... eine Minute später befand ich mich vor der Höhle, ich war gerettet. Wohl wurde es mir schwer, zwischen den Klippen hindurch an das Ufer zu gelangen, indess, das Schlimmste hatte ich überstanden. Als ich den Strand betrat, da brach ich fast ohnmächtig zusammen und konnte längere Zeit kein Glied rühren. Ich war nach meiner Uhr nahe an zwei Stunden im Wasser gewesen.

Und wieder entfaltete das Meer alle seine Reize. Sonnig und blau lag es da, verführerisch lächelnd und doch eine Sphinx, unergründlich, voller Geheimnisse*)...

V. Hammershuus.

Den Nachmittag verbrachte ich auf einem schattigen Plätzchen zwischen den Ruinen von Hammershuus, wo ich nach einigen Chroniken die Geschichte der alten Veste und zugleich diejenige von Bornholm studirte.

Die Luft war warm und gewürzt durch den Duft des abblühenden Hollunders, der am Fusse der Mauerreste in dichten Büschen steht. Sommerfäden schwebten in anmuthiger Wellenbewegung dem Meere zu, auf welchem in weiter Ferne mehrere Dreimaster majestätisch dahin zogen. Am äussersten Horizont zeigten sich die bläulichen Contouren der schwedischen Küste.

Stille herrschte rings umher; die Natur schien, in sich versunken, zu träumen. Und traumumfangen blickten auch die grauen Burgruinen auf mich herab und erinnerten mich an Vergänglichkeit und Vergangenheit. Ich ruhte auf historischem Boden. Hier hatten die alten Bornholmer gekämpft gegen fremde Usurpatoren, hier hatten sie die Treue gegen ihr angestammtes Königshaus mit ihrem Blute besiegelt und dadurch sich und späteren Generationen Privilegien erworben, die noch heute bestehen als ein theures Vermächtniss dankbarer Regenten. Bornholmer, ihr dürft stolz sein auf diese Stätte, sie muss euch heilig sein! Denn über ihr schwebt mit leisem Flügelschlag der Genius der Liebe und der Treue zwischen

---

*) Die Höhle ist 60′ lang, ca. 20′ breit und 15—18′ hoch. Ihre Benennung „Ovn" rührt wohl von der Aehnlichkeit ihres Einganges mit demjenigen eines Backofens her. Um sie zu besichtigen, hat der Reisende entweder in Sandvig oder in Vang ein Fischerboot (2—3 Kron.) zu miethen.

euch und eurem König. Hier singt auch ferner die schönen Lieder, die ihr mit euren dänischen Brüdern gemeinsam habt, und gedenket der sinnigen Verse aus dem „Danevang":

> „Hil dig Drot og hil dig Land!
> Ved den blanke Vove,
> Blomsteröer, grönne Strand!
> Lyse Bögeskove!
> Her er Troskabsfuglen graae
> Faedres Höie grönne!
> Vennen trofast, Himlen blaae,
> Slettens Möer skjönne!

zu Deutsch:

> „Heil dir König, heil dir Land,
> Mit der Silberwelle!
> Blumeneiland, grüner Strand,
> Buchenwaldes Helle!
> Hier sind: Treue altersgrau,
> Hünengräber immer-grün,
> Freunde treu, der Himmel blau
> Und der Mädchen Wangen blühn!"

Der Chronik („Bornholm's Saga") zufolge wurde Bornholm in ältester Zeit von eigenen Königen regiert, die sich durch Seeräuberei weithin gefürchtet machten. Das bestätigt auch der alte Seefahrer **Wulfstan** (880 n. Chr.), der die Insel Bornholm von Dänemark unterscheidet, weil sie ihren eigenen König habe.*) Ferner spricht der König **Alfred****) von zwei Reichen der Dänen, einem südlichen und einem nördlichen (worunter jedoch das östliche und das westliche zu verstehen sind), und dem Reiche Bornholm. Zuweilen herrschten hier zwei und mehrere Könige zugleich, deren Machtgebiete indess begreiflicherweise eine sehr geringe Ausdehnung hatten. Wo aber die Geschichte beginnt — übersetzt Quehl diese Chronik im Auszuge — da findet sich auch Bornholm unter der Herrschaft und dem Schutze der Könige Dänemarks, die mit geringen Unterbrechungen durch Statthalter regierten. Erst um die Mitte des 11. Jahrhunderts war das Christenthum durch den Schonischen Bischof Eginus nach Bornholm gebracht worden. Es hatte eine willige Aufnahme gefunden und die alten

---

*) „Geschichte von Dänemark" von F. C. Dahlmann, Bd. 1, pag. 66.
**) Ebendas.

nordischen Götzen waren überall der Vernichtung anheimgegeben. Da begab es sich, hundert Jahre später, dass der dänische König Sueno Grathe mit dem Erzbischof von Lund in Streit gerieth und den alten Prälaten in einem Korbe unter der Wölbung des Domes in Lund aufhissen liess. Sei es, dass die erzbischöflichen Truppen sich anschickten, diesen Schimpf zu rächen, sei es, dass König Sueno später Gewissensbisse empfand, genug, er gab demselben Erzbischof zur Sühne und Entschädigung für die erlittene Unbill die drei grössten Theile Bornholms — das nördliche, südliche und östliche Herred — die für alle Zeiten und mit allen ihren Einwohnern unter den erzbischöflichen Stuhl von Lund gehören sollten. Um diese Zeit etwa oder wenige Jahre später wurde das Schloss Hammershuus*) erbaut, jene gewaltige Veste, deren Ruinen noch heute von ihrer einstigen Grösse zeugen. Die erzbischöfliche Herrschaft, das sogenannte „Guldalder" oder „hellige Tidslöb", dauerte 373 Jahre. Oft kam es während dieser Zeit zwischen den Königen von Dänemark und den Erzbischöfen von Lund zu Streitigkeiten. Zu einer derselben rief man auch den Fürsten Jarimarus von Rügen zur Hülfe herbei, der nach glänzenden Siegen auf Seeland wie Bornholm da, wo er sich am allersichersten glaubte, bei seinen geistlichen Freunden in Lund selbst, seinen Tod von der Hand eines Weibes fand, das ihn — man weiss nicht, ob aus Vaterlandsliebe, Eifersucht, oder in Vertheidigung ihrer Ehre — mit einem Messer durchbohrte. Aber, wie oft sich auch das Glück der Waffen für die Königlichen entschied: die geistlichen Herren gingen doch in der Regel aus dem Streite schliesslich als Sieger hervor und so findet auch noch der Krieg, der 1522 zwischen Dänemark und Schweden ausbrach, das ganze Bornholm als ein Lehen des Erzbischofs von Lund. Mit dem 1523 folgenden Frieden wurde das Land auf ein halbes Jahrhundert an die Lübecker abgetreten, die den Schweden beigestanden hatten. Der Erzbischof von Lund erhielt als Entschädigung ein Lehen in Schonen und die Lübecker saugten während jener fünfzig Jahre das Land nach Kräften aus. Die Einwohner, die in den bisherigen Kämpfen eine ziemlich passive Rolle gespielt, sich im Uebrigen aber unter der milden Herrschaft

---

*) Wahrscheinlich in der ersten Hälfte des 12. Jahrhunderts.

des Krummstabes sehr wohl gefühlt zu haben scheinen, empfanden die Lübeck'sche Habsucht sehr bitter. Aber vergeblich beklagten sie sich „over de Lübske Vampyrer" beim König von Dänemark, der sich die höchste Entscheidung in weltlichen Dingen und die Landesoberhoheit vorbehalten hatte. Sie möchten sich selbst helfen, lautete die Antwort. Die Bornholmer liessen sich das nicht zweimal sagen, griffen 1538 zu den Waffen und würden vielleicht die Lübecker verjagt haben, wenn sie — wie es in der Beschreibung des Probstes Jens Pedersen sehr naiv heisst — schon damals das Schiessen hätten vertragen können. Der Erhebung folgte ein noch grausameres Regiment, durch welches Wohlstand, Landbau und Handel so zurückgingen, dass eine grosse Anzahl von Bauerhöfen gänzlich verfiel, die Gebäude einstürzten und auch die von den Bischöfen gegründeten Kaufstädte einen gar traurigen Anblick boten. Wohin dieser Zustand führen würde, war nicht abzusehen, da Christian III. den Lübeckern für erlittenen Ausfall noch einen vierzehnjährigen längeren Besitz der Insel zugestanden hatte. Da machte ein Zwischenfall demselben ein Ende. Bei einem Besuche nämlich, den Friedrich II. der Stadt Lübeck abstattete, tanzte er mit der eitelen Gemahlin des dortigen Bürgermeisters, die sich für die hohe Ehre, „at danse med Kong Frederik den Anden", dadurch erkenntlich zeigte, dass sie des Gatten Wohlweisheit vermochte, Bornholm beim bevorstehenden Ablauf der fünfzig Jahre wieder abzutreten. — Seitdem existirt die in Lübeck, Dänemark und auf Bornholm wohlbekannte Redensart: „Bornholm vertanzen".*) Man pflegt damit Leichtsinn und Unüberlegtheit in allen Lebensverhältnissen zu bezeichnen und will so von vornherein auf die Folgen hinweisen.

Während der nun folgenden siebzig Jahre — von 1572—1642 — erholte sich das Land allmälig. Als die wichtigsten Ereignisse aus jener Zeit führt die Chronik an: die 1602 auf Bornholm ausgebrochene Pest („den sorte Dod") und ein Blutbad (1619) bei Nexö, von welchem später die Rede sein soll. Mit grosser Ausführlich-

---

*) Im Lübecker Rathhause findet sich ein grosser silberner Becher mit der Inschrift: „dar danzet Bornholm hen" (da tanzt Bornholm hin).

keit ist sodann die Vertreibung der Schweden von Bornholm, oder „Die schwedische Vesper" beschrieben, eine historisch denkwürdige Begebenheit, deren Schilderung auch Quehl in sein Buch „Aus Dänemark" übernommen hat. Ich lasse dieselbe mit einigen Zusätzen und einem Briefe Friedrich III. an die Bornholmer hier folgen.

Nach dem schwächlichen Lehnsherrn Holger Rosenkranz war einer der ersten dänischen Grossen, Ebbe Ulfeld, der Schwiegersohn des Königs, Lehnsherr geworden. Aber in dem damals in Dänemark zwischen der Monarchie und der Aristokratie entbrannten Kampfe ergriff Ebbe Ulfeld die Partei seines Bruders, des Korfits Ulfeld und flüchtete nach dem Falle und der Flucht dieses mächtigen Günstlings wie dieser nach Schweden, wo beide am Hofe die freundlichste Aufnahme fanden. Korfits wurde schwedischer General und trug nicht wenig dazu bei, den Schwedenkönig Karl Gustav bei dem Siegeszuge gegen Dänemark zu unterstützen, der in kurzer Zeit fast das ganze Land eroberte und am 26. Februar 1658 zu dem für Dänemark so unglücklichen Frieden von Roeskilde beitrug. Durch diesen Frieden ward auch mit der ganzen Provinz Schonen Bornholm von Neuem an Schweden abgetreten. Am 29. April nahmen bereits die ersten schwedischen Truppen unter Anführung eines Obersten Johann Prinzenskjold von dem Lande Besitz und schlugen ihr Hauptquartier in Hammershuus auf.

Gleichviel, ob der damals sechsundvierzigjährige Oberst früher als simpler Reiter, oder als Adjutant des Prinzen von Zweibrücken in Deutschland und Polen gekämpft hat: er war durch seine körperliche Stärke und Gewandtheit, seine Unerschrokenheit und das Glück, das ihn in allen Schlachten gegen Wunden und Tod geschützt hatte, eine grosse militairische Notabilität geworden, hatte von Karl Gustav den Namen Prinzenskjold (Fürstenschild) erhalten und schien seinem Könige wie dazu geschaffen, um mit einer kleinen Macht aus einem neu erworbenen Lande so viel Steuern zu erpressen wie nur möglich, und es dabei doch in Ordnung und Gehorsam zu erhalten. Beide Theile dieser Aufgabe hatten freilich ihre Schwierigkeiten. Denn Bornholm, das sich von den früheren Unruhen noch nicht ganz erholt hatte, war erst kürzlich von einer furchtbaren Pest heimgesucht, welche die ohnehin schwache Bevölkerung gelichtet hatte. Häufiger Misswachs und Viehseuchen waren gefolgt und hatten zum gänzlichen Verfall vieler Höfe beigetragen, unter denen ohnehin die Vornede gaarde — d. h. Höfe, die Eigenthum des Königs und von Bauern gefaestet waren — sehr schlecht bewirthschaftet wurden. Also die Kuh, die gemelkt werden sollte, war dürr und mager — man kann freilich sagen, auch kraftlos, um sich gegen allzu grosse Ansprüche zu wehren. Auch sorgte Prinzenskjold bald nach seiner Ankunft dafür, dass von der ohnehin nur geringen Zahl der waffenfähigen Männer über die Hälfte theils als Soldaten nach Stettin und Riga, theils als Matrosen auf die schwedische Flotte gebracht wurde. Aber dieser Statthalter hatte in seinem eigenen Charakter eine Schwierigkeit, an der sein Werk scheitern musste. Wie rauh, streng, unerbittlich die wahren Haudegen und die Soldaten vom Kopf bis zum Fusse auch sein mögen, sie pflegen immer gerecht zu sein. Sie sind nicht geneigt Unterschiede der Geburt und Stellung gegenüber der Pflichterfüllung anzuerkennen, und das Bewusstsein ihrer Kraft lässt sie immer die Regel vernachlässigen: Divide et impera! (Theile und herrsche.) Hätte sich Prinzenskjold mit dem Adel, der Geistlichkeit und den Beamten gegen den Bürger, Kaufmann und Fischer verbunden, sein Regiment würde länger gedauert und keinenfalls das tragische Ende genommen haben, dem es nunmehr entgegen ging. Aber er vernichtete die Steuerfreiheit der bis dahin Privilegirten, liess gleich nach dem Antritte seines Amtes das ganze Land genau vermessen, die Bewohner nach Vermögen und Einkommen abschätzen, hiernach die Steuern vertheilen, und rührte sogar an die Zehnten der in diesem Punkte besonders empfindlichen Geistlichkeit. Ohne Zweifel würden dieselben Massnahmen, wenn sie zu anderen Zeiten und von der nationalen Regierung ausgegangen wären, in den mittleren und unteren Ständen eine grosse Zufriedenheit erzeugt und die Regierung befestigt haben. Aber Prinzenskjold war der Vertreter eines verhassten Eroberers, die Zeiten waren ohnehin drückend und der ganze Steuerbetrag erhöht. So konnten die mittleren und unteren Classen weder eine Erleichterung ihrer Lasten noch eine Entschädigung für dieselben in dem Gefühle nationaler Selbstständigkeit und Ehre erwarten, und so musste der erbitterte Hass des Adels und der Geistlichkeit auch bei ihnen eine geneigte Aufnahme und bereite Hand finden. Dazu kam, dass der dänische König Friedrich III., nachdem Schweden den kaum geschlossenen Frieden wieder durch den Einfall in Seeland gebrochen, unter dem 8. November 1658 die Bornholmer aufforderte,. sich, wenn irgend möglich, der schwedischen Herrschaft zu entledigen.

Das königliche Schreiben*) lautet in wortgetreuer Uebersetzung:

„Friedrich III. grüsst Euch Alle und Jeden, Geistlichkeit, Bürgermeister und Gemeindeleute, die Ihr von jeher mit Gott und durch Unsere Gnade einmüthiglich auf Bornholm wohnet. — Wie Euch wohl bekannt ist, sind Wir vom König von Schweden, trotz abgeschlossener Contracte und Unseres guten Einvernehmens mit seinem hiesigen Gesandten, unvermuthet mit Kriegsmacht hier in Unserem Lande Seeland überfallen und in Unserer Residenz-Stadt Kopenhagen zu Wasser und zu Lande belagert worden. Nachdem Wir jetzt wieder, durch Gottes gnädigen Beistand und der Holländer ansehnlichen Succurs, so weit gekommen sind, dass Wir, dank Gottes Hülfe, des Feindes Flotte nicht mehr zu fürchten brauchen, da der Feind sein Belagerungswerk hier vor der Stadt verlassen hat, so wollen Wir, im Vertrauen auf Eure Treue und gute Affection gegen Uns und Euer Vaterland, Euch sämmtlich ermahnt und erinnert haben, dass Ihr unablässig auf Mittel und Wege bedacht sein müsst, durch welche Ihr Euch vom Schwedischen Joche befreien, wie Ihr im Besonderen die Garnison auf dem Schlosse Hammershuus, wenn möglich vollständig, vernichten und, dieweil Ihr die Schwedische Flotte nicht mehr zu fürchten habt, das Land wieder unter Eure Defensive stellen könnt.

Wir wollen Eure Treue, die Ihr Uns in dieser Zeit beweist, in allen Gnaden anerkennen, sobald Gott friedliche Zustände giebt und ausserdem (wenn Ihr Euch gutwillig unter Unsere Regierung stellt) Euch ferner mit

---

*) „Bornholms Saga". pag. 54 u. 55.

solchen Privilegien und Begnadigungen versehen, von denen Ihr Nutzen und Gutes haben könnt.
    Gegeben auf Unserem Schlosse in Kopenhagen,
        den 8. November 1658.
    Unter Unserer Hand und Siegel.
                        Friedrich R."
                          (L. S.)

   Dieser Brief fiel wie ein Funke in ein Pulverfass. Aus der allgemeinen Gährung heraus bildete sich unter der Leitung der Geistlichen und der Vornehmsten sowohl in den Städten wie auf dem Lande eine grosse Verschwörung, die sich zuerst mehr passiv, dann aber plötzlich activ äusserte. Die schwedischen Soldaten — und Prinzenskjold hatte damals ein Commando von 1500 Mann zu seiner Verfügung auf Hammershuus — die sich einzeln sehen liessen, wurden misshandelt oder verschwanden. Hier und dort wurden Steuern verweigert, und die Abgesandten des schwedischen Statthalters mit Hohn nach Hause geschickt. Prinzenskjold wollte diesen Excessen mit einem Schlage ein Ende machen und die Schuldigen bestrafen, aber das Mittel, das er hierzu ergriff, war gerade dasjenige, auf welches die Bornholmer gerechnet und den Plan der Vernichtung der schwedischen Herrschaft gebaut hatten. Er verbreitete nämlich 1000 Mann seiner Truppen über das ganze Land, die sich auf die einzelnen Höfe vertheilen und die rückständigen Steuern eintreiben sollten. Zwar waren sie vorsichtig genug, immer nur in kleinen Trupps und niemals einzeln auf den Höfen Quartier zu nehmen, aber die scheinbare Ruhe, mit der die einzelnen Bauern und ihre Familien die soldatischen Brutalitäten ertrugen, machte sie bald so sicher, dass sie trotz jener Vorsicht ihrem Verderben · entgegen eilten. Während sie nämlich am Tage ihrer traurigen Beschäftigung der Steuereintreibung und Pfändung eifrig oblagen, entschädigten sie sich des Abends durch Trinkgelage und gingen niemals anders als sinnlos betrunken zu Bett. So sollte nach dem Plane der Bornholmer auch die Zeit des ersten Rausch-Schlafes die Zeit der Rache und des Todes werden, und über das ganze Land war die Verabredung getroffen, dass am 9. December keiner der einquartierten Schweden „weder den Mond noch die Sonne mehr aufgehen sehen solle".

Prinzenskjold selbst trug wider seinen Willen dazu bei, dass dieser Plan auch allseitig pünktlich ausgeführt wurde. Als tüchtiger Commandant wollte er sich mit eigenen Augen überzeugen, dass Alles nach seinem Willen vorwärts ginge, und seine Soldaten ihre Schuldigkeit thäten. Er ritt daher am 8. December gleich nach Mittag auf seinem prächtigen Hengst „Skjold", nur von einem Secretair und zwei Reitknechten begleitet, von Hammershuus. Snep, sein treuer Hund, folgte dem Statthalter, der zuerst seinen Weg nach Hasle nahm, dort an des Bürgermeisters Haus hielt, den Herrn Bürgermeister, in dessen Wohnung eben eine Anzahl Verschworener tagte, herauskommen liess, um ihm zu erkennen zu geben, dass auch Hasle nächstens Einquartierung zu erwarten habe, wenn es sich ferner in der Steuerzahlung säumig zeigen sollte, und dann unbesorgt seinen Weg nach Rönne fortsetzte. Ein vortrefflicher Reiter, traf Prinzenskjold dort bei guter Zeit ein, stieg bei dem Bürgermeister ab und begab sich in das Besuchszimmer, wo er hinter einem grossen Tische Platz nahm, dessen schwere steinerne Platte auf einem kolossalen Fusse von Eichenholz ruhte. Die Verschworenen aus Hasle waren ihm nachgeeilt, und während Einige von ihnen die Rönner allarmirten und vermochten, dass sie keinen der wenigen in Rönne selbst liegenden schwedischen Soldaten mehr aus der Wohnung liessen, wurden Andere an die Hausthüre des Bürgermeisters als Wache gestellt, und nur gegen zwölf Mann, von Kopf bis zu Füssen bewaffnet, traten in den Saal ein. Sie fanden den Statthalter und den Bürgermeister bereits in lebhaftem Wortwechsel. Der letztere hatte erklärt, dass die Bürger keine Steuern an Schweden mehr zahlen würden. Prinzenskjold erging sich in Flüchen und Drohungen. Auch die drohenden Mienen und höhnischen Worte der Eintretenden liessen noch keine Furcht in ihm aufkommen. Als aber einer von seinen Reitknechten athemlos mit der Meldung hereinstürzte, dass sich auf der Strasse bewaffnete Männer zusammenrotteten, fasste er einen schnellen Entschluss. Mit seiner riesigen Kraft wirft er den grossen Tisch, vor dem die Verschworenen und hinter dem er selbst stand, um, gewinnt unter der Betäubung der Erschrockenen die Thür und eilt nach dem Stalle, um sein Pferd zu holen. Aber er findet die Stallthür von innen verriegelt. Vergeblich ruft er sein Pferd, vergeblich schreit das treue Thier zur Antwort und sucht sein Gefängniss zu zerstossen. Da beschliesst Prinzenskjold, zu Fuss zu entfliehen. Er schlägt mit gewaltigen Hieben die beiden Wachen nieder, die sich ihm in den Weg stellen und gewinnt die Strasse. Von mehreren Seiten wird er erkannt und auf ihn gefeuert. Er bleibt unversehrt. „Gegen Blei ist er sicher, mit Silber muss er geschossen werden," ruft ein ehrsamer Bürger vom sicheren Fenster aus, schneidet die schweren silbernen Knöpfe von seiner Festjacke, ladet sie in die Büchse und — Prinzenskjold liegt, sogleich zu Tode getroffen, am Boden. Alles stürzt auf die Leiche zu, aber noch vertheidigt sie der treue Snep, bis er selbst, von vielen Kugeln durchbohrt, auf ihr niedersinkt und die Leiche seines Herrn, von einigen herbeigeeilten Leitern des Aufstandes gegen Plünderung und Misshandlungen geschützt, nach dem Rathhause getragen wird. Die Begleiter Prinzenskold's waren schon vorher auf der Strasse ermordet. Die anderen schwedischen Soldaten in der Stadt hatten kein besseres Schicksal, sobald sich die Nachricht von dem Tode des gefürchteten Anführers verbreitete, und das geschah mit Blitzesschnelle. Jens Kofod, einer der eifrigsten Leiter des Aufstandes, sandte eben so rasch Boten über das ganze Land mit der Mahnung, mit dem „Schweineschlachten" nicht zu zögern und nach seiner Beendigung an den vorher verabredeten Orten in der Nähe von Hammershuus sich zu sammeln.

So brach die verhängnissvolle Nacht vom 8. zum 9. December herein. Um Mitternacht begann das Blutbad unter dem Geläute der Kirchenglocken, denn die Schweden sollten nicht wie Heiden sterben, sondern christlich zum Himmel fahren — offenbar eine Anordnung der geistlichen Herren, die sie für ihre Mitwissenschaft und Betheiligung vor Gott und Menschen rechtfertigen sollte. Herren und Knechte, Greise und Knaben, Frauen und Jungfrauen — Alles vereinigte sich zum blutigen Werke. Nur zwölf Schweden fanden die erbetene Gnade, aber 965 wurden zum allergrössten Theil im Schlafe ermordet, später aber auf der Nordseite der Kirchhöfe „christlich" begraben.

Jens Kofod hatte sich inzwischen an der Spitze einer kleinen Schaar aus Rönne und Hasle in der Nähe von Hammershuus in einen Hinterhalt gelegt. Er ritt den Hengst „Skjold" und trug des gefallenen Statthalters Hut, Pistolen und Schlachtschwert. Mehrere Patrouillen und Boten, die man während der Nacht und beim Tagesgrauen vom Schlosse entsandt, wurden überfallen und ermordet, so dass man in Hammershuus keine Nachricht von den schrecklichen Ereignissen der Nacht haben und erhalten konnte. Der Gemahlin des Statthalters, die mit dem nächstcommandirenden Offizier in des Gemahls Abwesenheit das Commando getheilt zu haben scheint, fiel es freilich schwer auf das Herz, dass ihr Eheherr am Abend den versprochenen Boten nicht gesandt, und dass keiner von denjenigen zurückkehrte, die sie während der Nacht ausgeschickt hatte. Es wurde daher am Morgen eine grössere Truppenabtheilung, einen Adjutanten Prinzenskjold's an der Spitze, nach Rönne geschickt — aber auch sie fiel in die Hände Jens Kofod's, der inzwischen bedeutende Verstärkungen erhalten, und nach furchtbarer Metzelei kehrte der Anführer, selbst schwer verwundet, allein nach Hammershuus zurück mit der schrecklichen Botschaft der Ereignisse des vorigen Tages und der vergangenen Nacht. Bald sah man auch auf den Höhen die Schaaren der Bornholmer sich ausbreiten, die von allen Seiten hinzuströmten. Aber diese Heeresmacht war doch nichts weniger als furchtbar. Sie zählte nur eine kleine Zahl waffenfähiger Männer, der grösste Theil bestand aus Krüppeln, Greisen und „Schürzenreitern" wie die Bornholmer Jungfrauen (die sonntäglich zur Kirche zu reiten pflegten) zu Pferde genannt wurden. Ein muthiger Ausfall vom Schlosse mit der ganzen Mannschaft hätte unzweifelhaft diese Masse vernichtet, und da das Schloss mit Nahrungsmitteln gut versorgt war, hätte es sich wohl halten können, bis Verstärkung aus Schweden herbei kam.

Aber Jens Kofod und Genossen wussten wohl, dass sie in der belagerten Burg einen mächtigen Bundesgenossen — in den Truppen selbst — hatten. Prinzenskjold hatte nämlich circa 500 Soldaten aus der neuen schwedischen Provinz Schonen, und da er sie für weniger zuverlässig hielt und mit den Landesbewohnern, ihren früheren Landsleuten, nicht in Berührung kommen lassen wollte, hatte er gerade die zuverlässigen Schweden über das Land verbreitet und die Schonen zurückgelassen. Sobald diese Truppen nun hörten, dass ihre Kameraden vernichtet, der Statthalter ermordet, und die Bornholmer Herren des Landes geworden seien, verweigerten sie den

Gehorsam und nöthigten die Gemahlin Prinzenskjold's, gegen Sicherung des Lebens und freien Abzug, das uneinnehmbare Schloss den Bornholmern zu übergeben. Jens Kofod wurde zeitweiliger Commandant, und seiner Schlauheit gelang es, die ganze Besatzung eines, einige Wochen später mit Verstärkung anlangenden schwedischen Transportschiffes gefangen zu nehmen und das Schiff in den Hafen von Rönne bringen zu lassen. Ein zweiter Versuch einem anderen Schiff gegenüber missglückte ihm freilich. Der Commandant desselben merkte Unrath und liess in den Booten, die der falsche Prinzenskjold ihm sandte, Niemanden an das Land gehen. Vergeblich ritt Jens Kofod auf dem bekannten Ross des Ermordeten und mit seiner ganzen Kleidung und seinen Waffen geschmückt am Ufer hin und her, winkte und drohte. „Des Löwen Haut sehe ich wohl," sagte der Schiffs-Commandant, „aber sie bedeckt keinen Löwen" — und er nahm die Bootsführer gefangen und kehrte um nach Schweden.

Bald nachher sandten die Bornholmer eine Deputation an König Friedrich III. nach Kopenhagen mit einem Gabe-Brief, der dem Könige Friedrich III. von Dänemark persönlich, für sich und seine Nachkommen, Bornholm zu ew'gem Erb' und Eigenthum schenkte. König Friedrich III. antwortete unter dem 29. December der Deputation mit einem Briefe, in dem er zum Lohne ihrer Treue den Bornholmern solche Privilegien versprach, wie sie dem Aufkommen des Landes nur förderlich sein könnten. Ausserdem versprach der König auf eine Zuschrift des Bornholmer Adels vom 19. Januar 1659 unter dem 3. Mai dieses Jahres noch ausdrücklich und feierlich, Bornholm niemals wieder den Schweden zu übergeben. Beide Zusagen sind gehalten worden. Auch wurde das Land in jeder Hinsicht mit Vorrechten bedacht, die zum Theil noch heute existiren. „Seit jener Zeit hat keines Feindes Fuss Bornholms Klippenstrand ungestraft betreten. Das Land aber blühte auf und befand sich glücklich unter Friedrich III. väterlicher Regierung". Damit schliesst die Chronik. Bemerkenswerth ist darin noch das sogenannte Prinzenskjold-Lied, welches, eine Parodie auf Prinzenskjold's Niederlage, in witziger Weise die vergeblichen Bemühungen des schwedischen Statthalters, sich zu retten, schildert. —

Die Geschichte des Schlosses während der letzten beiden Jahrhunderte bietet wenig Interessantes. Vom Juli 1660 bis zum December 1661 wurden Corfitz Ulfeld und seine Gemahlin Leonora Christine auf Hammershuus gefangen gehalten. Später liess man das Schloss als Festung eingehen und so fiel es denn, da Reparaturen daran nicht mehr ausgeführt wurden, allmälig in Trümmer. Uebrigens trug auch die umwohnende Bevölkerung das Ihrige dazu bei, das Zerstörungswerk zu beschleunigen, indem sie Steine abbrach und zu anderweiten Bauten verwandte. Gegen Ende des vorigen Jahrhunderts stürzten nach Grove die Gewölbe des Schlosses ein und erst durch königliche Resolution von 1822 wurden die damals noch übrigen Ruinen vor fernerer Zerstörung bewahrt. Jetzt wuchert Gestrüpp und Unkraut zwischen den Mauerresten und der Wanderer gedenkt beim Anblicke der verfallenen Veste wohl der Worte Zephanja's über Ninive:

„Wie ist sie so wüste geworden......"

Ja, wüste ist sie in der That, diese einst so belebte Stätte, wüste und unheimlich, wenn der Sturmwind sich in dem alten Gemäuer fängt und darin ächzt und stöhnt, wie zu Tode Gemarterte, wenn der Regen gegen die Wände prasselt, das Meer Woge auf Woge dröhnend gegen den Fuss des Berges rollt und ein wolkenbedeckter Himmel als Rahmen das Ganze umspannt; — wüste, wenn falbe Blitze die Scenerie momentan erhellen, wenn des Mondes Silberlicht zitternd die Trümmer streift; wüste, auch wenn freundlicher Sonnenschein den Ort beleuchtet, wenn kein Hauch die Gräser bewegt und die azurne See in der Tiefe melodisch murmelt, wüste, einsam und doch unbeschreiblich schön! Vergangenes wird hier wieder gegenwärtig, poetisch verklärt, und Bilder auf Bilder entstehen und reihen sich aneinander zu einem Panorama, in welchem Dichtung und Wahrheit, Natur und Geschichte sich harmonisch vereinigen.

Stunden waren vergangen, seit ich die Lecture begonnen und mich in die Betrachtung meiner Umgebung vertieft hatte. Schon wurden die Schatten, welche die Gebäudefragmente warfen, länger und die Sonne sank tiefer und tiefer, als ich mit einem Scheideblick auf die gefallene Grösse den Heimweg antrat. Wie verschieden war doch der Eindruck, den ich heute empfangen, von dem gestrigen! Und doch möchte ich auch den letzteren nicht missen.

VI. Einige Bornholmer Bräuche.

Unweit der Brücke, welche über den Wallgraben zu der verfallenen Burg führt, sass in einer natürlichen Laube eine Gesellschaft von mehreren Damen und einem Herrn beim — Kaffee. Ohne auf die einzelnen Personen zu achten, wollte ich grüssend vorbeigehen als ich beim Namen gerufen wurde. Ich wandte mich um und erkannte, näher tretend, den Bürgermeister Marckmann und in den Damen meine würdige Wirthin und deren Verwandte aus Rönne, die eine Spazierfahrt nach Allinge gemacht und hier oben Kaffee gekocht hatten.

„Drik en Kop Kaffe med os!" redete Herr Marckmann mich an, während die Damen auf der roh gezimmerten Bank näher an einander rückten, um für mich Platz zu schaffen. Und dieser Einladung mehr Nachdruck gebend, nahm er mich beim Arm und zwang mich, trotz dankender Ablehnung meinerseits, ihm zu folgen. Gleichzeitig hatte auch Frau Dams die Kaffeekanne aus einer wollenen Umhüllung befreit und mir eine Tasse eingeschenkt, neben welche eine andere Dame schönes weisses Gebäck legte. Nun half kein Widerstreben mehr und ich ergab mich nicht ungern der Uebermacht.

Die Unterhaltung, in die ich sofort hinein gezogen wurde, als sei ich ein alter Bekannter, drehte sich um den nahe bevorstehenden Besuch des Königs auf Bornholm, den als Fest zu feiern bereits jetzt überall Vorbereitungen getroffen wurden. Dann ging das Gespräch über auf Volksfeste überhaupt und auf das alte Bornholmer· „Scheuerfest" im Besonderen. Letzteres ist originell genug, um hier in Kürze erwähnt zu werden. Als Hammershuus noch Gouvernementssitz war, mussten die Bauern dorthin die Steuern in Geld und Naturalien bringen und wurden dann jedesmal mit Bier und Branntwein bewirthet. Später blieb diese Bewirthung aus. Als

Ersatz dafür erhielt jede Gemeinde ein steuerfreies Grundstück, dessen Ertrag zur Bestreitung der Kosten für ein jährlich zweimal stattfindendes Volksfest bestimmt war. Mit der dem weiblichen Geschlecht eigenthümlichen Erfindungsgabe hatten die Bornholmer Frauen in diesem Privileg eine Anerkennung ihrer Reinlichkeit zu erblicken geglaubt und nannten das Fest „Skuregilde" oder Scheuerfest. Jede Gemeinde hatte ihren Präsidenten (Oldermand), welchem der „Skraaherre" (Richter), zwei Stuhlbrüder und ein Feuermann zur Seite standen. Wurde während des Gelages der Tumult zu gross, so schlug der Vorsitzende mit seinem Stocke auf den Tisch, worauf Schweigen eintrat und alle Anwesenden ihre Hüte abnahmen. Pflicht des Feuermannes war es, dafür zu sorgen, dass den Rauchern die Pfeifen nicht ausgingen. Im Jahre 1739 wurde dieser Brauch abgeschafft und der Ertrag der steuerfreien Gemeindeländereien durch eine königliche Verordnung zur Errichtung von Volksschulen verwendet. — Noch eine Stunde sassen wir so plaudernd beisammen und traten dann, als die Sonne unterging und Meer und Insel mit ihren letzten Strahlen in eine Purpuratmosphäre hüllte, gemeinschaftlich den Heimweg an. Vor dem kleinen Wirthshause in der Nähe des Ruinenberges erwartete uns der bereits angespannte Wagen der Frau Dams. Wir stiegen ein, der Bürgermeister auf den Bock — obschon ich ihn bat, den mir angewiesenen Platz im Fond zu nehmen — und fuhren in raschem Trabe nach Allinge. Hier verabschiedeten wir uns von den Damen, welche die Fahrt nach Rönne fortsetzten.

Der schon am Morgen erhaltenen Einladung zufolge begleitete ich Herrn Marckmann in seine Wohnung, wo ich von der Familie — seiner Mutter, seiner Gattin und zwei blühenden Töchtern — auf das Freundlichste empfangen wurde. Bald sassen wir in gemüthlicher Tafelrunde und plauderten über nationale Eigenthümlichkeiten, zu denen eine mir vorgesetzte Lieblingsspeise der Dänen, „röd Gröd", welche aus Grütze, Himbeersaft und anderen Ingredienzen bereitet wird und eben so wohlschmeckend wie erfrischend ist, die sachliche Veranlassung bot. Ich will versuchen, einige Details aus unserm Gespräch, insoweit dieselben das Leben der Insulaner betreffen, aneinander gereiht, hier wieder zu geben.

Die Bevölkerung Bornholms besteht im Wesentlichen aus Seeleuten und Ackerbauern. Wer am Strande wohnt, ist Fischer oder Schiffer, wer im Lande lebt, Landmann. So war's in alten Zeiten und so ist's noch heute. Die Söhne der Fischer werden Fischer und diejenigen der Bauern übernehmen den Besitz ihrer Väter, um ihn später ihren Kindern zu vererben. Alle Strandbewohner gelten für tüchtige Seeleute. Sie saugen das Seeleben gleichsam mit der Muttermilch ein, haben das Meer immer vor Augen, begleiten schon als Kinder ihre Väter, wenn diese auf den Fischfang ausziehen und hören deren kritisirende Bemerkungen über vorbeisegelnde Schiffe. Spricht ein solcher Seemann von irgend einem Punkt der Insel, so sagt er nicht, er liegt rechts oder links von diesem oder jenem Ort, sondern er nennt genau die Himmels- oder Windrichtung, die er anzugeben weiss, auch wenn man ihn mit verbundenen Augen mehrmals im Kreise herumgedreht hat; fragt man ihn z. B.: „wo wohnt Ihre Braut," so antwortet er: „ost-süd-ost," oder: „west-süd-west eine Stunde von hier," oder gar: „eine halbe Meile leewärts."*) Auffällig bei beiden Klassen der Bevölkerung ist das viele Branntweintrinken. Der Arbeiter beginnt und beschliesst sein Tagewerk mit einem „Sy" (Schnaps) deren er täglich fünf zu sich nimmt. Man hat berechnet, dass jeder Bornholmer pro Jahr ca. 75 Quart Spirituosen consumirt. Das Verhältniss der Knechte und Mägde zu ihren Brotherren soll auf dem Lande ein vorwiegend patriarchalisches sein. Sie essen und trinken am Tische ihrer Herrschaft und betrachten deren Interessen als die ihren. Die Hauptbestandtheile der Mahlzeiten sind Fische, die, wie die Bauern sagen, im Magen revoltiren, wenn sie nicht im Branntwein schwimmen können. Fast jeder Bornholmer hat sein eigenes Haus. Will ein Bonde (Bauer) sein Gut an einen Fremden verkaufen, so muss er es zuvor für die stipulirte Summe einem seiner Verwandten anbieten und hat dann erst das Recht den Kauf abzuschliessen. War der von Verwandten geforderte Preis höher als der vom Käufer gezahlte Betrag, so hat der frühere Besitzer seinen Verwandten die ganze Summe als Strafe zu zahlen. Ueber die Art und Weise, wie auf Bornholm Heirathen zu Stande kommen, giebt Panum**)

---

*) Unter dem Winde.
**) Welchen auch Quehl in seinem Werke „Aus Dänemark" anzieht.

folgende Beschreibung, die ich dieser Charakteristik anschliesse.

„Wer ein heirathsfähiges Kind, Sohn oder Tochter, besitzt und eine passende Partie für dasselbe ersehen hat, wendet sich an einen oder den anderen Mann, von dem man weiss, dass er sich mit solchen „Arrangements" beschäftigt. Dieser Makler zieht nun über Vermögen, Mitgift etc. der betreffenden Person Erkundigungen ein und empfängt für seine verschiedenen Bemühungen eine Kuh, einen Ochsen oder auch 100 bis 200 Thaler. — „Alles nach Vermögen der Betheiligten." Oft geht es so weit, dass ein Mädchen die Person nicht einmal von Ansehen kennt, mit der sie durch Hülfe des Maklers verbunden werden soll und erst, wenn die „Partie geschlossen", die Mitgift bestimmt, ja auch der dem Mädchen einst als Erbe zukommende Hof an den Bräutigam verkauft ist, bekommt sie ihn zu sehen. Gefällt er ihr dann durchaus nicht, so hat sie doch keine Wahl mehr, als sich entweder mit einem Manne, den sie nicht leiden kann, zu verbinden oder ihm um sehr geringen Preis den Hof zu überlassen. Man muss sich darüber wundern, dass die Sache noch oft so gut geht und Scheidungen und unglückliche Ehen so selten sind. Doch fehlt es nicht an Beispielen, dass Mädchen, welche glückliche Frauen und tüchtige Hausmütter geworden wären, wenn sie nach ihrer Neigung sich hätten vermählen dürfen, durch Gram und Schmerz über die unglückliche Ehe frühzeitig in das Grab gebracht wurden. Aber weit allgemeiner ist es, dass sich diese Frauen mit bewundernswerther Geduld in ihr Schicksal ergeben und die Launen eines alten, geizigen, oft auch dem Trunke ergebenen Gatten ertragen und mit Unverdrossenheit seiner Haushaltung vorstehen. Eine Partie zwischen einem reichen Manne und armen Mädchen oder umgekehrt, ist nicht häufig, und man muss sich hierbei oft über die Hartnäckigkeit sonst vernünftiger Eltern verwundern. Die erste Frage, vor deren Erledigung die Eltern nie die „Partie abschliessen" lassen, ist immer: Wie viel Schulden sind auf dem Hofe u. s. w.? Macht man den Eltern Vorwürfe, ihre Tochter an einen reichen Geizhals oder Trunkenbold weggegeben zu haben, antworten sie gleichgültig: „Ja, er lebt wohl nicht lange, dann kann sie ja nehmen, wen sie will." Letzteres geschieht auch, denn zum zweiten Male wählen die Frauen selbst, wen sie lieb haben. Indessen kommen auch manche

„Inklinations-Heirathen" vor; jedoch bliebe zu wünschen, dass die oben erwähnte Sitte weniger allgemein wäre als sie ist, denn gute Ehen gehen selten genug aus ihr hervor. Die vorstehende Betrachtung schliesst mit einer Anekdote, als Beweis, „wie man bei solchen Freiereien zuweilen einig werde". „Eine wohlhabende Bauersfrau hatte eine sehr hässliche Tochter. Indessen fand sich doch ein Bewerber ein. Er hatte sich genau nach der Mitgift erkundigt. Man kam mit allem Anderen ziemlich gut in das Reine. Da verlangte der Freier durchaus noch eine Partie „Hjulfiel", nämlich Holz zu den Ringen der Wagenräder. Die Mutter antwortet: Er solle sie wohl gerne bekommen, aber sie hätte in diesem Augenblicke selbst keine „Hjulfielne". Er blieb bei seiner Forderung, sie bei ihrer Weigerung. Endlich sagt er: „Er müsse durchaus „Hjulfielne" haben, denn die Tochter — sei doch gar zu hässlich". Das war zu stark, die Eitelkeit der Frauen fühlte sich verletzt und so schnell, wie man eine Hand umwendet, ergriffen Mutter und Tochter den Freier und warfen ihn vor die Thüre!"

Wie schon bemerkt, kommen Ehescheidungen äusserst selten vor. Tritt ein solcher Fall ein, so muss der Antrag dem Amtmann eingereicht werden. Sodann wird ein Sühneversuch durch den Geistlichen gemacht. Bleibt dieser fruchtlos, so müssen die Eheleute drei Jahre warten und sich nach Ablauf dieser Zeit zu einem zweiten Sühne-Termin stellen. Ist auch letzterer ohne Erfolg, so werden sie sofort geschieden, wobei jeder der beiden Theile die Hälfte des Vermögens erhält, wenn er sonst nicht des Ehebruchs überführt worden ist. —

Ausser Fischfang und Ackerbau werden auf der Insel noch einige industrielle Gebiete cultivitirt, so u. a. der Schiffbau, die Uhrmacherei, das Schleifen von Halbedelsteinen, der sogenannten Bornholmer Diamanten, die früher in Dänemark sehr beliebt waren, und die Terracotten-Fabrikation, durch welche Rönne gewissermassen Weltruf besitzt, denn die dort, in der Anstalt des Herrn L. Hjorth, gefertigten Waaren werden nicht nur nach fast allen Ländern Europas, sondern auch nach Amerika, ja selbst nach Ostindien versandt. — Der Name Rönne erinnert mich übrigens daran, dass auch Bornholm seine „Müller" und „Schulzen" hat, die hier aber „Rönne" und „Kofod" heissen und in allen Orten zu Dutzenden zu finden sind.

An diese en resumé zusammengefassten Mittheilungen knüpfte sich ein Gespräch über religiöse und philosophische Fragen, das ich indess, als nicht zum Gegenstande meiner Darstellung gehörig, übergehe. Dagegen kann ich nicht unterlassen hervorzuheben, dass ich durch die gepflogene Unterhaltung eine Familie näher kennen gelernt habe, deren Herzens- und Geistesbildung sie wohl eines besseren Schicksals werth macht, als auf Bornholms zwar grossartig schönem, aber von der civilisirten Welt abgeschlossenem Felsenstrand ein isolirtes Dasein zu führen. Es mochte nahe an Mitternacht sein, als ich sie verliess mit dem hoffnungsvollen Grusse: „Auf Wiedersehn!"

VII. Von Allinge über Gudhjem nach Svanike.

Wenn der Leser auf der Karte die Entfernung misst, die zwischen Allinge und Svanike liegt und „netto" 5 Meilen, „brutto", d. h. mit Abstechern nach links und nach rechts, aber noch mehr beträgt, so dürfte er wohl geneigt sein zu glauben, dass ich von einem Vergnügungsreisenden zu viel verlange, indem ich ihm zumuthe, diese Tour an einem Tage zu machen. Indess, ich erwarte das keinesfalls, rathe dem Touristen vielmehr, die Route zu halbiren und als Ziel des ersten Tagemarsches Gudhjem in Aussicht zu nehmen. Wenn ich selbst diesen Weg an einem Tage zurücklegte, so bewog mich dazu der Wunsch, meine Wanderung, über Nexö hinaus, auch auf die Südküste auszudehnen und den durch einen Parforce-Marsch gewonnenen Tag darauf zu verwenden. Schon jetzt aber will ich gestehen, dass nach dem, was ich vom Süden Bornholms gesehen und von Bewohnern dieses Striches darüber gehört habe, der Besuch desselben nicht der Mühe lohnt, es sei denn, er werde zum Zwecke geognostischer Studien gemacht. —

Herr Holm, der den Sonntag zu einer kleinen Reise nach dem Innern der Insel benutzt, hatte versprochen, mich am Montag eine Strecke zu begleiten. Er erschien zur verabredeten Stunde im Hôtel. Nachdem ich meine, für Logis und Beköstigung auf zwei Tage im Ganzen kaum 5 Mark betragende Rechnung bezahlt und vom biederen Wirth Abschied genommen hatte, begannen wir, vom schönsten Wetter begünstigt, unsern Marsch, welcher uns in östlicher Richtung zunächst nach Rö führen sollte. In einiger Entfernung von der Stadt verliessen wir die landeinwärts biegende Chaussée und betraten einen Vicinalweg, der sich längs dem zerklüfteten Strande hinzieht und beim Dorfe Teign Fiskerlei in die Allinge mit Gudhjem verbindende Strasse mündet. Da man auf dieser Wanderung die St. Oles-Kirche fortwährend zur Rechten und die See zur Linken erblickt, so ist der Weg nicht zu verfehlen. Wir folgten ihm, bis wir, nach ca. $1^1/_2$ Stunde auf der Chaussée angelangt, die St. Oles-Kirche ungefähr einen Büchsenschuss weit, direct hinter uns, also gerade im Westen, sahen und schritten nun auf der Strasse dahin. Letztere ist an beiden Seiten durch Getreidefelder begrenzt, die rechts hin und wieder mit entfernt liegenden Gebüschen abwechseln, während das Land links allmälig zu Felsen erstarrt, welche als Strand viele pittoreske Punkte aufweisen, hinter denen die azurblaue See den ganzen nördlichen Horizont bildet. Nach Verlauf einer halben Stunde erreicht man einen rechts zum Strande hinabsteigenden Pfad, den wir einschlugen. Er schlängelt sich zwischen Gärten hindurch und führt in ein bewaldetes Thal. Vor dem Eintritt in dasselbe bat mich mein Begleiter, auf wenige Minuten die Augen zu schliessen und mich von ihm an der Hand führen zu lassen. Ich folgte dieser Weisung in Erwartung des Schauspiels, das sich bald darauf meinen Blicken zeigen sollte. Nachdem wir so etwa zwei Minuten halb neben, halb hinter einander, gegangen waren, stand mein Führer still und sagte: Wenn Sie jetzt die Augen öffnen, so sehen Sie:

Dyndalen.

Vor mir lag ein paradiesisches Waldthal, welches sich muldenförmig von Süden nach Norden hinzieht und dort bis dicht an die See herantritt. Wir standen am westlichen Rande auf einem Felsvorsprung, dem sogenannten „Amtmandssteen", von dem man die schönste Aussicht über diese in ihrer Art einzige Waldlandschaft hat. Der Anblick wirkte auf mich so überraschend, dass ich im ersten Moment kaum meinen Augen zu trauen wagte und fürchtete, das liebliche Gebilde würde plötzlich in Dunst zerrinnen. Nimmer hatte ich geglaubt, dass Bornholm inmitten seiner strengen Felsformation so anmuthige Punkte als köstliche Perlen berge. Stumm, bewundernd, stand ich da, keines Wortes mächtig. Auch mein Begleiter überliess sich ganz dem Eindrucke, welchen das ihm längst bekannte Dyndal jetzt wiederholt auf ihn machte. Zu unseren Füssen in der Tiefe murmelte ein Bächlein, vor uns, zu beiden Seiten desselben, erhoben sich dichtbewaldete Böschungen, deren frisches Grün dem Auge ungemein wohlthut. Die verschiedenartigsten Laubhölzer stehen hier dicht bei einander und zeigen in ihrem Blätterschmuck so schöne Nuancirungen, als habe ein Künstler dieselben zusammengestellt. Welche Harmonie der Farben! Vom Dunkel der Blutbuche bis zum Hell der Silberpappel sehen wir einen stufenweisen Uebergang mit so feiner Abtönung, dass wir kaum zu erkennen vermögen, wo die eine Farbe aufhört und wo die andere beginnt. Ueber das duftumwobene Waldthal hinwegschauend, erblicken wir links die See und in weiter Ferne, nach Osten zu, die Inselgruppe Ertholmene. Das ist ein Motiv für Landschaftsmaler, ein Motiv, das keiner Idealisirung bedarf.

Vom „Amtmandssteen" führt ein Pfad hinab in die Tiefe und an den Strand. Folgt man demselben, so sieht man links schroff abfallende Granitwände, an welchen Epheu und Flechten emporklettern, sowie einen aus der Höhe herabstürzenden Wasserfall, — rechts dagegen, auf dem weniger steilen Abhang üppiges Laubholz und fast undurchdringliches Gebüsch. Dann gelangt man, nahe dem Strande, an eine kleine Brücke und, wenn man diese überschritten und den nun bergan steigenden Weg noch ungefähr fünf Minuten lang fortgesetzt hat, auf den Vorplatz von „Helligdomsgaard", eines Bauerngutes, in welchem der Reisende Logis und ländliche Bewirthung erhalten kann. Wir begnügten uns mit der letzteren und begaben uns nach kurzer Rast wieder an den Strand, der hier einen so wildromantischen Charakter zeigt, dass man sich plötzlich in eine fremde Welt versetzt wähnt. Verschwunden ist die anmuthige Waldlandschaft von Dyndalen und eine strenge, aber grossartig schöne Fels-Scenerie:

Helligdommen

fesselt den Blick. Zerklüftete Granitmassen ragen aus dem Meere empor, hier als senkrechte Wände, dort als

Helligdommen.

freistehende thurmhohe Klippen. Sie umschliessen eine kleine Bucht, in die wir mit einiger Mühe hinabkletterten, um die seltsam gestalteten Steingebilde mehr in der Nähe zu betrachten. Dem felsigen Grunde entspringt die „hellige Kilde", eine Quelle, welche schon den Ureinwohnern der Insel als heilig galt und dem Orte seinen Namen (Heiligthum) gegeben hat. Weht der Wind von Norden, also von der Seeseite, so liegt dieselbe unter dem Meeresspiegel und ist nur durch einen kaum wahrnehmbaren Strudel zu erkennen; bei entgegengesetzter Windrichtung tritt sie zu Tage als ein kleiner Born, der sein krystallklares Wasser in die See ergiesst. Obschon fast Windstille herrschte, sahen wir doch nur den Strudel und die Oeffnung in einer Tiefe von Stockes Länge. Vor uns, zwischen zwei Scheeren, befindet sich ein hübscher Landungsplatz, links erhebt sich ein mächtiger Granitblock, welcher auf seinem Gipfel einige Bäume trägt, rechts steht ein ca. 70 Fuss hoher Felskegel, neben ihm liegen die Trümmer eines andern, der vor fünfzig Jahren umgestürzt ist, ein Schicksal, das auch dem noch erhaltenen Klippengebilde über kurz oder lang bevorsteht, denn es ist bereits stark verwittert und vermag dem Wogenanprall bei Nordstürmen schwerlich noch grossen Widerstand zu leisten. Ihrer Form wegen wurden beide Klippen „Lysene" oder die Lichter genannt. Ein dritter isolirt dastehender Steinkoloss heisst die „Gans" (Gaasen), aus welchem Grunde, sei dahingestellt, da selbst eine lebhafte Phantasie eine Aehnlichkeit zwischen ihm und der Gestalt einer Gans kaum entdecken würde. Noch sind als bemerkenswerth zu nennen zwei grosse Höhlen, die eben so wie diejenigen unter Hammerhuus „der trokene und der nasse Ofen" heissen. Der erstere ist 75' lang, 6—8' breit und 10—12' hoch, der letztere 60' lang, 20' breit und 16' hoch. Beide sollen mit einer Tropfsteinschicht bedeckt sein, von welcher ich im „trockenen Ofen", den man zu Fuss erreichen kann, jedoch nur einen embryonischen Ansatz bemerkt habe. Auf die Besichtigung der anderen Höhle verzichtete ich, weil ein Boot nicht in der Nähe war und ich in Folge der Tags zuvor gemachten Erfahrungen zu einer zweiten Schwimmpartie durchaus keine Neigung verspürte.

Nachdem wir noch eine halbe Stunde lang auf den Felsen umhergeklettert waren und die nach Osten zu sich fortsetzende, eigenthümliche Klippenbildung genugsam betrachtet hatten, verliessen wir diesen überaus pittoresken Ort und folgten einem schmalen Pfade, der an „Helligdomsgaard" vorüber, direct nach Süden zur Chaussée führt. Hier nahmen wir von einander Abschied; Herr Holm kehrte nach Allinge zurück, mein Ziel lag ostwärts. Noch ein „farvel" und mein Begleiter war an einer Krümmung des Weges verschwunden.

Nach kurzer Wanderung erblickte ich die links neben der Chaussée stehende, von Gebüsch umgebene Rö-Kirche, welche der Sage zufolge von einem Bauer Rö und seinen zwölf Söhnen erbaut sein soll. Sie ist klein und einfach und besitzt als einzige Merkwürdigkeit einen silbernen Kelch, der angeblich von einem 1678 gestrandeten schwedischen Transportschiff herrührt und folgende deutsche Inschrift trägt: „Diesen Kelk und Patent hat der Oberster Lieutenant Stahl machen lassen vor dem Uplandischen Regiment zu Fuss. Es haben Officir und Soldaten dazu geben; gehöret also dem Regiment, Got gebe seine Genat und Segen durch Jesum Christum! Ao. 1664. Stettin 23. April." Eine zweite Inschrift ebenfalls in deutscher Sprache, die sich hier auf zwei Grabsteinen von weissem Marmor findet, lautet: „Hinrich G. Jehan: disse Sten und Stede gehöret M. S. Jehan und sine Ervenn," woraus man schliessen darf, dass in der Rö-Gemeinde früher deutsche Ansiedler lebten, die vielleicht vom Sturm nach Bornholm verschlagen waren. Weniger anspruchslos als ihre Kirche ist die umwohnende Bevölkerung, welche sich Röer nennt, „röisch" spricht und auf die anderen Einwohner Bornholms geringschätzig herabblickt. Sie hält ihr Idiom mindestens für gleichberechtigt mit der dänischen oder der deutschen Sprache und unterscheidet das „Röische" bei jeder Gelegenheit vom „Bornholmischen", von dem es im Grunde genommen nur eine Mundart ist.

Vor der Rö-Kirche macht die Strasse eine Biegung nach links und läuft dann etwa $3/4$ Stunde parallel mit der Strandlinie bis zu einer Brücke, die über die durch ein bewaldetes Thal fliessende Bobbeaa führt. Von diesem Punkte aus erreicht man, sich bald wieder nach Nordosten wendend, in einer Stunde Gudhjem. Auf halbem Wege zwischen Rö und dem letztgenannten Orte gesellte sich zu mir ein Wanderer, der mich um Feuer für seine irdene Pfeife bat und darauf ein Gespräch anknüpfte, aus welchem hervorging, dass er ein in Gudhjem wohnender Fischer sei. Den Weg gemeinschaftlich fortsetzend, plauderten wir über die Gegend und zuletzt auch über die im Munde des Volkes umlaufenden Sagen. Da hörte ich denn zu meiner Ueberraschung die Variation einer Legende, die mir vor Jahren einmal ein Appenzeller über seine Heimath erzählt hatte. Sie scheint mir interessant genug, um hier angeführt zu werden. Vor alten Zeiten — so begann mein Gewährsmann — hatte unser Herrgott noch hier und dort ein Plätzchen auf Erden, wo er von der Wochenarbeit ausruhte und sich heimisch fühlte. Ein solches Plätzchen war auch Gudhjem oder „Gottesheim". Damals grünte und blühte dort Alles und die Vöglein zwitscherten in den Zweigen der Bäume das ganze Jahr hindurch. Nun begab es sich eines Tages, dass der „Ruhelose" mit einem Sack voller Steine von Schweden her über die See gerade auf Gudhjem zugepflogen kam. Da ergrimmte unser Herrgott und warf mit einem Steine nach dem Bösen, den er so traf, dass der Sack platzte und sein Inhalt auf die Küste, gerade da, wo jetzt Gudhjem steht, herabfiel. Seitdem ist das so geblieben, aber unser Herrgott hat gleichwohl Gudhjem nicht verlassen. Nur ist er unsichtbar geworden und hat uns statt der Garten- und Feldfrüchte seinen Fischsegen gegeben, der übrigens auch seinen Mann ernährt. Doch, da sehen Sie den Ort selbst!

Gudhjem

das grösste Fischerdorf der Insel, besteht aus ca. 85 Gebäuden und einer kleinen Kirche. Aus einiger Entfernung betrachtet, gleichen die terrassenförmig vom Strand aufsteigenden Häuser Schwalbennestern, die frei und keck gegen die Felsen geklebt sind und in ihrer Gesammtheit einen höchst malerischen Anblick bieten. Die Strassen sind eng und den Bodenverhältnissen entsprechend uneben. Man steigt bald bergauf, bald bergab. Längs der Häuser und nicht selten quer über die Strassen sind Schnüre gezogen, an denen lange Reihen von Heringen zum Trocknen hängen. Ueberall merkt man den Fischgeruch, der indess nicht gerade unangenehm wird. Die Kirche steht inmitten des Friedhofes, rechts neben der Strasse. Vor der Stadt liegt, zwischen Scheeren geschützt, ein kleiner Hafen mit einer beträchtlichen Anzahl von Booten. Rechts und links neben Gudhjem ist die Küste mit zerrissenen Granitmassen bedeckt, die, an

vielen Stellen, in die See hinaustretend, allerdings den
Gedanken erwecken, sie seien in chaotischer Unordnung
aus der Höhe auf diesen Landfleck herabgestürzt. Wer
den Norden bereist hat, wird hier lebhaft an gewisse
norwegische Küstenpunkte erinnert. Richtet man den
Blick seewärts, so sieht man in einer Distanz von etwas
über zwei Meilen die bereits genannte Inselgruppe
„Ertholmene" — Christiansholm (2200' lang und
1240' breit), Frederiksholm (1400' lang und 400'
breit) und Graesholm (1400' lang und 700' breit) —
welche bei günstigem Winde von Gudhjem aus in wenigen Stunden zu erreichen ist. Auch findet sich oft Gelegenheit zur Ueberfahrt. In früheren Zeiten waren diese
Felseninseln als Sitz von Seeräubern verrufen. Angeblich, um dem Raubwesen ein Ende zu machen, in Wahrheit aber um Ertholmene für Schweden zu erobern,
rüstete Karl XI. eine Expedition aus, die indess, als sie
vor den Inseln anlangte, auf Christiansholm bereits die
dänische Flagge wehen sah. Ein Hund soll die Veranlassung gewesen sein, dass der Plan des Schwedenkönigs
an Dänemark verrathen wurde. Die Dänen kamen zuerst
und mahlten zuerst, wie es im Sprichwort heisst. Um
nun die Inseln vor einem feindlichen Ueberfall zu schützen,
liessen Christian V. und seine Nachfolger Ertholmene
befestigen und daselbst eine Schicht Erde aufschütten,
die mit vieler Mühe von Kopenhagen und von Bornholm
hinüber geschafft wurde. Dem letzteren Umstande verdanken die Inseln als Gruppe ihren Namen, zugleich
aber auch ihre Fruchtbarkeit, denn es gedeihen auf ihnen
nicht nur Küchengewächse, sondern auch Erdbeeren,
Weintrauben und selbst Feigen und Melonen. Die
Festung ist in neuerer Zeit aufgehoben, ebenso das früher
auf Frederiksholm erbaute Staatsgefängniss. Dagegen
steht jetzt auf Christiansholm ein aus Granit aufgeführter
Leuchtthurm mit Lootsenstation. Die Einwohner treiben
Fischfang. Für Ornithologen besonders interessant ist
die unbewohnte Insel Graesholm. Dorthin kommen während des Frühjahrs und Sommers grosse Schaaren von
Eidergänsen, die ihre Brütezeit halten und im Herbst
wieder abziehen. Dann aber finden sich andere Seevögel
ein, welche daselbst überwintern.

Die Sonne hatte den Zenith längst überschritten, als
ich nach eingenommenem „Middesmåd" im kleinen Gasthofe Gudhjem verliess und nun einem längs dem klippen-

reichen Strande sich hinziehenden Fusswege folgte, der durch mehrere kleine Fischerdörfer in etwa $1^{1}/_{2}$ Stunde nach der Felspartie:

Randklöveskaaret

führt. Gern hätte ich zuvor eine Bootfahrt nach Ertholmene unternommen, aber sowohl der conträre Wind, wie Mangel an Zeit verhinderten mich, diesen Wunsch auszuführen. So begnügte ich mich denn mit dem Anblick aus der Ferne. Bei Randklöveskaaret stehen mehrere Bauernhäuser, deren Bewohner auf ihren Feldern mit der Ernte beschäftigt waren. Alle Thüren standen offen, ein Beweis, dass hier Verwechslungen von „Mein" und „Dein" nicht vorkommen. Vor einem der Häuser wetzte ein alter Landmann seine Sense. Ich bat ihn um ein Glas Wasser. Er ersuchte mich, ihm in seine Wohnung zu folgen, wo er mir einen Krug Bier und ein Kästchen voll Tabak vorsetzte mit der Einladung, mir eine Pfeife zu stopfen. Alsdann begleitete er mich eine Strecke und machte mich auf die Gefahren aufmerksam, welchen der Besucher von Randklöveskaaret ausgesetzt ist. Diese Warnung war nicht überflüssig und noch heute fühle ich mich dem braven Mann dafür zu Dank verpflichtet.

Wenn ich mir das Bild vergegenwärtige, welches ich damals als Strandlandschaft vor Augen hatte, so werden auch die Eindrücke wieder lebendig, die es im Moment der Betrachtung auf mich ausübte. Als ich Randklöveskaaret erblickte, war ich zuerst erstaunt ob seiner wilden Schönheit. Dann, näher tretend und vorsichtig an einer Granitwand hinab kletternd, empfand ich ein Grauen und fühlte, wie mich ein kalter Schauer überlief, so dass ich einen Moment nahe daran war, schwindelnd in die Tiefe zu stürzen. Endlich, glücklich auf dem Grunde angelangt, vermochte ich nur noch zu bewundern all' die phantastischen Felsgebilde, die mich umgaben. Randklöveskaaret ist, wie schon der Name (Skaaret: die Scharte) ankündigt, ein Spalt, der ca. 40′ tief in eine fast überall von senkrechten Felswänden umgebene Schlucht hinabreicht. Letztere ist nach allgemeiner Schätzung ungefähr 200′ lang und 100′ tief. Die vielfach zerklüfteten Wände zeigen in ihren einzelnen Partien bald die Form mächtiger Thurmruinen, bald diejenige colossaler Pfeiler, während der mit Granitblöcken bedeckte Grund an das

Bandklöveskaaret.

Innere einer verfallenen Ritterburg erinnert. Am Südende dieser nach der Seeseite zu offenen Schlucht soll sich eine, jetzt nicht mehr zugängliche, Höhle befinden, in welcher, der Sage zufolge, in alten Zeiten ein Gattenmord verübt worden ist. Auch ohne diese legendarische Zugabe ist der Ort unheimlich, besonders wenn man allein dort weilt und, beim Rauschen der Wogen und, Angesichts der an den Felswänden auf und ab huschenden Schatten der vorüberziehenden Wolken, der Phantasie freien Spielraum lässt. Für die Wanderung am Rande der Schlucht ist die grösste Vorsicht zu empfehlen, da einige schmale Spalten mit Moos und Schlingpflanzen bedeckt und unsichtbar sind. Ein Fehltritt kann den Tod durch den Sturz in die Tiefe zur Folge haben. Man thut also wohl daran, einen Führer aus der Umgegend zu nehmen. Randklöveskaaret ist gewissermassen der Knotenpunkt der bei Allinge beginnenden über Gudhjem bis Svanike sich fortsetzenden und hinter Nexö endenden Klippenbildung, die nirgends einen so grossartigen, imponirenden Charakter zeigt wie an dieser Stelle. Hier scheint eine aus dem Innern der Erde heraus wirkende Gewalt ihre höchste und letzte Anstrengung gemacht und dann an Kraft allmälig abgenommen zu haben, denn, je weiter man nach Südosten kommt, desto mehr verliert sich das scharfe Gepräge des specifisch Wilden.

Von Randklöveskaaret führt ein anmuthiger Pfad längs der Küste nach Svanike. Diesen Weg beschritt ich jedoch nicht, obschon er der kürzeste ist, denn ich wollte meinen Tagesmarsch nicht beenden, ohne den an der Landstrasse liegenden Hain Luiselund besucht zu haben. Mich wieder landeinwärts wendend, folgte ich einem Steige, der sich zwischen Getreidefeldern hinzieht und in der Nähe eines grossen Gehöftes die Chaussée kreuzt. Auf der letzteren meine Wanderung nach Osten zu fortsetzend, musste ich an dem Hain vorüberkommen. Um meiner Sache gewiss zu sein, fragte ich einen am Wege stehenden Mann, den ich seiner Kleidung nach für einen Knecht auf dem links neben der Strasse liegenden Gute hielt, wie weit es noch bis Luiselund sei. „In etwa einer Stunde," antwortete er mir, „werden Sie rechts von der Strasse ein Gehölz und aus demselben eine Flaggenstange hervorragen sehen; das ist der Hain." Als der Landmann darauf einige Schritte neben mir herging, forschte ich weiter: „Sie dienen wohl auf jenem Hofe dort?" —

„Nein, Herr," erwiederte er, „ich bin der Besitzer." Ich war natürlich nicht wenig überrascht und stotterte eine Entschuldigung. Wer hätte auch errathen können, dass der mit Jacke, Zwillichhose und Holzschuhen bekleidete Mann der Eigner eines Gutes sei, dessen Werth vielleicht 300,000 Mark übersteigt! So findet man auf Bornholm Wohlhabenheit mit Einfachheit oft beisammen und darf gewärtig sein, dass ein hinter dem Pfluge einherschreitender Bauer sich im nächsten Moment als königlich dänischer Lieutenant oder gar Hauptmann der Bornholmer Miliz vorstellt.

Die Gegend, durch welche die Strasse als schnurgerade Linie sich hinzieht, ist monoton. Der Blick sucht nach einem Haftpunkt und kann ihn nicht finden. Dämmerung sank herab, immer enger ward der Horizont, und die noch sichtbaren Gegenstände zeigten sich in jenem Halblicht, das ein bestimmtes Erkennen nicht mehr zulässt. In einiger Entfernung taucht eine dunkle Masse auf. Es ist ein links neben der Chaussée stehendes „Bondegaard". Rechts soll der Hain liegen. Und in der That zweigt sich hier ein Feldweg ab, der in die Niederung führt. Aus dieser steigen leichte Nebel empor und treiben mit dem Winde dahin. Zwischen ihnen markiren sich tiefe Schatten, Baumgruppen werden sichtbar, auch die Flaggenstange fehlt nicht; es ist

Luiselund.

Eine Mauer umfriedet den Hain. Die kleine Pforte stand offen, ich trete ein. Ermüdet zwar vom langen Tagesmarsche will ich ihn doch näher kennen lernen. Links am Eingang ragt ein Bautastein. Er ist dreieckig und ungefähr acht Fuss hoch, nach oben zu sich verjüngend. Man möchte ihn für einen versteinerten Wächter halten. Ein Steig führt in den schönen Laubwald, ein anderer zieht sich längs dem Steinwall hin. Ich folge dem letzteren, um mich zuerst ein wenig zu orientiren. Wie einsam es hier ist! Ich höre nichts als das Knirschen des Sandes unter den Füssen und das Wispern der Blätter über mir. Die gefiederten Bewohner dieses „Helligdoms" scheinen bereits zu schlafen. Ein Geraschel lässt mich einen Moment stille stehen. Es ist eine Eidechse, die sich verspätet hat und jetzt zu ihrem Schlupfwinkel zurückkehrt. Während ich noch auf sie achte, sehe ich plötzlich im Grün der Gebüsche etwas Leuchtendes.

Einige Schritte weiter glimmt ebenfalls ein Funke, dort noch einer und so zähle ich solcher Feuerpunkte einige zwanzig. Der abergläubische Bornholmer würde sie für die Augen der „Unterirdischen" halten und sofort den Ort verlassen. Alle diese Funken sind harmlose Glühwürmchen. Aber, was steht dort, halb hinter einer Buche versteckt? Der Gestalt nach könnte es wohl ein Mensch sein, der den einsamen Wanderer belauert. Vorsichtig trete ich näher und rufe, da sich nichts regt: „Hvem er der?" Keine Antwort. Jetzt taste ich mit dem Stocke, der einen harten Gegenstand, einen — Bautastein, berührt. Meine Wanderung fortsetzend, erkenne ich nach und nach mehrere derartige primitive Denkmäler und erinnere mich unwillkürlich des „Hâvâmal" der Edda, in dem es heisst:

„Bautasteine stehn am Wege selten,
Wenn sie der Freund dem Freund nicht setzt."

Von mehr als zwanzig Freundschaften giebt dieser Hain Kunde. Die Freunde sind längst gestorben, ihre Namen und Thaten vergessen, ihre Freundschaften aber sind in Stein verewigt. Stumm und geheimnissvoll stehen sie da, diese uralten Gedenkzeichen, das eine nach rechts, das andere nach links geneigt, wie wenn die Last vieler Jahrhunderte sie zur Erde beugte. Könnten sie doch reden und erzählen von den alten Vickingen, die einst die Insel bewohnten und die See beherrschten! Aber sie schweigen, sie sind ja die Sphynxe des Nordens. —

Etwa eine halbe Stunde ist verflossen. Wieder stehe ich vor der Pforte. Hinter mir rauscht es wie gewaltiger Flügelschlag. Die Bäume neigen ihre Wipfel im Abendwinde. Tiefer sinken die Schatten der Nacht und mahnen zum Aufbruch. Und doch vermag ich den Ort noch nicht zu verlassen. Was fesselt mich nur, Waldeszauber, Sagenpoesie? Ich weiss es nicht.... Horch!... Welch süsser Ton, so voller Liebes-Lust und Klage? Ist's eine Sirene, die sich hier verborgen hält?... Er verstummt........ Da hör' ich ihn wieder.... Das kann nur Philomele sein, die Sängerin der Nacht! Immer schmelzender, verführerischer wird der Gesang. Wie er lockt! Lauschend folge ich der Klangrichtung und befinde mich nach wenigen Schritten unter dem dunklen Laubdach schlank gewachsener Buchen. Rechts und links am Wege stehen Bänke. Ich gehe weiter, einer kleinen Lichtung zu, die ein Rondel bildet. Auch hier laden Ruheplätze zum Verweilen ein.

Vor einer Gruppe von Bautasteinen mache ich Halt. Ein Stein liegt am Boden, er soll mir als Bank dienen.

Die gefiederte Sängerin schliesst so eben mit einem Tremolo. Im Osten erhellt sich der Horizont: **Mani**, Mundilfori's Sohn, beginnt seine Wanderung durch das All. Wie eine silberne Fluth ergiesst sein Licht sich über den Hain, der jetzt einen wahrhaft magischen Anblick gewährt und als ein Bild hehren Friedens dem Gedächtniss sich einprägt für alle Zeit. — Nicht ohne Gefahr für den phantasievollen Besucher ist der Aufenthalt in Luiselund um diese Stunde, denn der Ort ist wie geschaffen, um aus dem altnordischen Mythos, der ja auch auf Bornholm eine heimische Stätte hat, eine sinnberückende Fata Morgana entstehen zu lassen. Soll doch vor wenigen Jahren ein reisender Engländer von hier in jähem Entsetzen geflohen sein und später in Svanike behauptet haben, Äsen seien ihm erschienen und hätten um ihn her einen lautlosen Reigen aufgeführt. Sodann habe er ein dumpfes Brausen und dazwischen die Worte gehört:

„..... Ich bin Odin's Sohn,
Meili's Bruder und Magni's Vater.
Du kannst mit Thor sprechen.
Ich frage Dich nun: wie heissest Du?....."

Plötzlich wäre es dunkel geworden. Da habe er es nicht länger aushalten können und sei „über Hals über Kopf" geflohen. Hut und Schirm, die er im Schrecken vergessen, waren am folgenden Tage verschwunden.

Für diese Vision giebt es nur zwei Erklärungen: entweder war die Phantasie des Reisenden überreizt und die am Nachmittag gelesene Edda spukte ihm im Kopfe, so dass er Phantome sah und seine eigenen Gedanken als Stimme hörte — was ja bei grosser Nervosität vorzukommen pflegt; oder ein Spassvogel, gleichviel ob ein Bornholmer oder ein fremder, hatte ihm einen Streich gespielt, der leicht schlimme Folgen hätte haben können. Für Hut und Schirm mochte sich am andern Morgen wohl ein neuer Besitzer aus der Umgegend gefunden haben. Wie dem auch sein mag, der eine „Thor" oder der andere war in der Edda wohl belesen, denn die angeführte Stelle findet sich fast wörtlich im „Harbardhsliodh" (9). — —

Solche Hallucinationen beängstigten mich nun nicht, obschon die Phantasie ein wenig zu vagabondiren versuchte. Directen Anlass dazu boten die vor mir stehenden Bautasteine, auf deren Flächen das Mondlicht spielte und so dem Auge von Zeit zu Zeit neue Prospecte vorführte. Als Palliativmittel gegen diese Versuchung lenkte ich meine Gedanken auf den Ursprung der mysteriösen Gedenkzeichen, konnte indess ein befriedigendes Resultat des Nachdenkens nicht erlangen. Ohne Zweifel entstammt die Benennung einer keltischen Wurzel, und zwar dem Worte bod, baidh (fiubaidh), Heerführer, Held, aber das, mit einem Hinweis auf die allerdings unzureichende Erklärung der Edda, ist auch so ziemlich Alles, was sich darüber sagen lässt. Ich habe später viele Werke über nordische Alterthümer durchforscht, nach dieser Richtung hin leider erfolglos. Was nun diese Bezeichnung „Luiselund" anbetrifft, so ist dieselbe verhältnissmässig neuen Datums und dem Orte zu Ehren der Gräfin Luise von Danner, welche den Hain während ihrer Anwesenheit auf Bornholm stets mit Vorliebe besuchte, gegeben worden.

Es war bereits spät, als ich das schöne Wäldchen verliess. Ich hatte gefunden, was ich gesucht: ein Stündchen ungestörter Ruhe. Mit einem „Farvel Luiselund!" trat ich meinen Marsch wieder an, der mich auf der Chaussée in $3/4$ Stunde nach Svanike führte.

VIII. Svanike. — Nexö. — Aakirkeby.

Svanike

ein betriebsames Städtchen von ca. 300 Häusern mit 1200 Einwohnern, leitet seinen Namen von den vielen Schwänen ab, die sich früher in dieser Gegend gezeigt haben sollen. Es liegt auf dem östlichsten Punkte der Insel auf drei Felshügeln, die ein mit geringen Kosten zu unterhaltendes, allerdings wenig ebenes, Strassenpflaster hergeben, und ist der Geburtsort des berühmten Philologen Prof. Joh. Nic. Madwig. Wie bei Allinge so ist auch hier der 12—15 Fuss tiefe Hafen theils von der Natur gebildet, theils aus dem Granit gesprengt. Vor der Einfahrt, oder vielmehr inmitten derselben ragt eine Klippe aus dem Meere, welche wegen ihrer eigenthümlichen Form „Jomfruen" oder die Jungfrau heisst. In der, auf einem der Hügel stehenden, an sich wenig interessanten, Kirche befinden sich mehrere Grabsteine noch aus der Zeit der Lübecker Herrschaft und ein schöner Runenstein mit der Inschrift: „Bufi liess (diesen Stein) ritzen zum Andenken an seinen guten Vater Aukil. Christ helfe seiner Seele."*) Auch die Glocke trägt eine Inschrift (in dänischer Sprache), welche besagt, dass der „eherne Mund" unter Bischof Bornemand und Probst Morsing umgegossen wurde. — —

Als ich am Abend gegen 10 Uhr Svanike erreicht hatte, waren die Strassen finster und menschenleer. Auf gut Glück vorwärts schreitend, erblickte ich endlich eine Frau, die ich fragte: „Hvor er den bedste Gjaestgivergaard i Svanike?" Sie zeigte auf ein wenig einladendes Haus, aus welchem mir lautes Rufen entgegen schallte. Das konnte unmöglich der beste Gasthof des Ortes sein! Zweifelnd ging ich weiter, bis ich einen Burschen traf, der mir indess dieselbe Anwort gab. „En Hôtel!" wiederholte ich. „A, ju Herre," entgegnete er, sich besinnend, „vaer saa god, og fölg mig." Und nun führte er mich durch mehrere Strassen und Gassen an den Hafen, wo ich vor einem Hause ein grosses Schild hängen sah. Es war Hôtel Oestersen. Inzwischen hatte ich die Schlussfolgerung gezogen, dass man in Svanike, wie auch in anderen Städten Bornholms, unter „Gasthof" etwas ganz Anderes versteht als unter „Hôtel". Der erstere ist eine Schenke, das letztere ein Logirhaus für Reisende.

Während ich im Fremdenzimmer auf das bestellte Abendessen wartete und die nicht mehr ganz neuen Kopenhagener Zeitungen durchblätterte, wurde meine Aufmerksamkeit durch einen Herrn angezogen, der, die Hände auf die Hüften gestützt und eine Melodie pfeifend, tänzelnden Schrittes im Raume auf und ab ging. „Han er en Dandsmester," raunte mein Nachbar zur Rechten, ein alter Schiffs-Capitain, mir zu und bemerkte weiter, als der Herr ein „balancé" ausführte und dabei die Daumen in die Westenärmellöcher steckte: „for et Mandfolk er det meget latterligt!" Er hatte Recht, der Mann machte sich allerdings recht lächerlich mit seinen verschiedenen Posen, die er als Tanzlehrer der Jugend von

---

*) Nach dem Runenkenner Lehrer L. Petersen auf Bornholm.

Svanike einzuüben beabsichtigte. Nach einiger Zeit setzte er sich zu uns an den Tisch und zeigte sich hier als ein so aufdringlicher Patron, dass ich ihn kurz abfallen liess. Sein Jargon erinnerte übrigens sofort an die hebräische Satz-Construction.

An der Wand hing ein Bild, welches den heiligen Geist, in Gestalt einer Taube herabschwebend, darstellte. Als ich dasselbe, halb unwillkürlich, einen Moment betrachtete, rückte der alte Seemann seinen Stuhl näher an den meinigen und fragte: „Hat man Ihnen in Gudhjem nichts von einem solchen Bilde erzählt?" Ich verneinte und bat ihn um die Geschichte, denn ich merkte wohl, dass er etwas derartiges auf dem Herzen hatte. „Kam vor Jahren einmal ein Franzos nach Gudhjem und wollte dort eine gebratene Taube essen," begann der Capitain sein „Gespinnst" abzuwickeln. „Verstand aber nicht Bornholmisch und der Wirth in Gudhjem noch weniger Franzmännisch. War guter Rath also theuer. Der Franzos verlangte immer „pigeon roti", der Wirth schüttelte den Kopf. Da sieht der Fremde ein solches Bild an der Wand hängen. Hvod er det? fragte er, mit dem Finger darauf zeigend. Den hellig Geist! antwortete der Wirth. Steg mig den hellig Geist! (braten Sie mir den heiligen Geist!) rief der Franzose. Der entsetzte Wirth lief hinaus und holte seine Frau und einige Nachbarn herbei. Steg mig den hellig Geist, tout de suite! schrie der Fremde noch einmal, dass das ganze Haus erdröhnte. Man hielt den Reisenden für verrückt und er musste sich beeilen, den Ort zu verlassen," schloss mein Nachbar seine komische Erzählung.

Inzwischen war mein Abendessen servirt worden, das weniger zu wünschen übrig liess als die Solidität der Stühle, deren einer unter mir zusammenbrach, so dass ich in ziemlich unangenehmer Weise mit dem Fussboden Bekanntschaft machte. Nach beendigtem Mahl begab ich mich in das mir angewiesene Zimmer, wo ich die Nacht hindurch von Thor, Odin.und gebratenen Geistern träumte, die der Tanzlehrer verspeiste.

Der folgende Morgen war trübe und nebelig. Im Hafen, der unmittelbar vor den Fenstern liegt, begann ein reger Verkehr. Fischerboote fuhren aus und ein, Händler feilschten um den Nachtfang und ein englischer Kutter machte sich segelfertig. In Erwartung des Frühstücks durchwanderte ich die kleine Stadt, besuchte die nördlich von Svanike stehenden, durch ihre eigenthümliche Form bemerkenswerthen „Tempelklippen" und kehrte dann in's Hôtel zurück. Unterwegs machte ich die auch anderen Reisenden nicht entgangene Wahrnehmung, dass, wenn drei oder vier Svanikerinnen beisammen sind, alle drei oder vier zugleich über fast eben so viele Abwesende sprechen, was man vulgär „klatschen" nennt. Fama behauptet sogar, dass von sieben zu einem Cirkelchen versammelten Damen gewöhnlich sechs das Bedürfniss fühlen, ihre Stimmen unisono zu hören. Doch das ist gewiss eine Uebertreibung.

Die Entfernung zwischen Svanike und Nexö beträgt $1^1/_4$ Meilen. Der Weg führt jetzt nach Süden und zieht sich längs dem Strande hin, der, zwar noch reich an Klippen und nicht gerade arm an malerischen Punkten, allmälig an Grossartigkeit der Felsformation abnimmt und nach und nach flacher wird. Rechts von der Strasse dagegen erhebt sich das Hochplateau, „Höilingen" mit vielen schönen Aussichten, so u. a. „Helvedesbakkerne" und „Klintebakken", welche man ohne grossen Zeitverlust auf dem Marsche besuchen kann. Andere interessante Punkte sind „Paradiisbakkerne", mehrere wilde Felsschluchten und die „Gamleborg", eine Burgruine, deren Geschichte sich in die Sage verliert. Ferner sei hier genannt der „Rokkesteen", einer jener merkwürdigen Steine, die so auf ihrem Schwerpunkte ruhen, dass trotz ihres bedeutenden Gewichtes[*]) ein einzelner Mann sie in eine schaukelnde Bewegung versetzen kann. Endlich verdient noch Beachtung „Gryet", ein Gehölz mit mehreren schönen Bautasteinen. Dieser Hain ist jedoch viel kleiner als Luiselund und vermag nicht den Wanderer lange zu fesseln.

Nach dreistündigem Marsche erreichte ich

Nexö

ein freundlich gelegenes Städtchen, das auf der Landseite von flachen Feldern umgeben ist, einen inneren und einen äusseren Hafen besitzt und aus ca. 385 zum grössten Theil einstöckigen Häusern mit 1600 Einwohnern besteht. Vor der Stadt liegt der „Frederikssteinbruch", in welchem hin und wieder schöne Versteinerungen gefunden werden.

---

*) Der grösste wiegt ca. 4000 Centner.

Früher auf Staatskosten betrieben, ist dieses Unternehmen in neuerer Zeit in Privatbesitz übergegangen. Man bricht dort einen vortrefflichen Sandstein, ist aber nicht im Stande, ihn genügend zu verwerthen, da die geringe Tiefe des von Sandbänken umgebenen Hafens den Export des Materials durch Schiffe unmöglich macht. So treten denn nicht selten Betriebsstockungen ein.

Nexö selbst ist weniger interessant als ein Blatt seiner Geschichte. Im Sommer des Jahres 1645 war dieser Ort der Schauplatz blutiger Ereignisse. Zu jener Zeit erschien hier der schwedische Admiral Wrangel mit 29 Schiffen und bombardirte die Stadt, während 500 Mann nordöstlich bei dem Strudel „Malqvärn" landeten. Nexö wurde genommen und von den Schweden geplündert. Als die Soldaten am Strande ihr wüstes Gelage hielten und den Raub unter sich vertheilten, versuchte Albert Wulffen, ein Bürgersohn aus Svanike, mit einer Schaar junger Männer einen Ueberfall, der auch gelungen wäre, wenn die Nexöer ihm Hülfe geleistet hätten. Aber die Einwohner waren vollständig entmuthigt und liessen es geschehen, dass die kleine Truppe heldenmüthiger Kämpfer der Uebermacht unterlag und vor ihren Augen massacrirt wurde, indess, nicht ohne zuvor eine grosse Zahl schwedischer Soldaten erschlagen zu haben. Wohl zog die Bornholmer Miliz heran, bereit, mit Einsetzung ihres Lebens den Feind zu verdrängen, aber ihre Führer, der Statthalter Holger Rosenkranz an der Spitze und die bornholmischen Edelleute Sivert Gagge, Just Nicolai und Christian Makkabäus, die zu den reichsten Familien des Landes gehörten, waren von den Schweden gewonnen und hatten Bornholm an die Feinde verkauft. Durch den Frieden von Brömsebro, der im folgenden Jahre geschlossen wurde, gelangte Bornholm wieder in dänischen Besitz; die Verräther erhielten jedoch nicht die verdiente Strafe, sondern kamen durch Vermittelung des schwedischen Hofes mit einer geringen Geldbusse davon. Seitdem ist Nexö von keinem anderen Feinde heimgesucht worden als von Seestürmen, die allerdings ziemlich arge Verwüstungen angerichtet haben, zuletzt derjenige im Herbst 1872.

Wie schon bemerkt verändert sich der Charakter des Landes nicht nur durch allmälige Verflachung der Küste, sondern auch durch die Beschaffenheit des Bodens. Während im Nordwesten und Nordosten der Insel die Felsmassen fast ausschliesslich aus Granit bestehen, treten im

Süden vorwiegend Sandstein- und Schieferschichten der Silurformation zu Tage, die eine, nach dem Meere zu leicht geneigte, mit Flugsand bedeckte, Ebene bilden. Durch diese im Allgemeinen wenig interessante Gegend setzte ich meine Wanderung so lange fort, bis ich mich durch den Augenschein überzeugt hatte, dass eine Tour um die Südküste Bornholms nicht der Mühe lohne, und kehrte dann zum Fischerdorfe Snogebæk (Schlangenbach) zurück, wo die Strasse eine Biegung nach Westen macht. Snogebæk ist eine für Schiffe verhängnissvolle Stelle. Hier erstreckt sich eine Sandbank fast eine Meile weit in die See und viele Fahrzeuge gehen alljährlich auf dieser Untiefe zu Grunde. Seit 1854 besitzt Snogebæk einen Rettungs-Apparat für Schiffbrüchige und zwar ein Boot mit nur sechs Zoll Tiefgang, das weder umschlagen noch untergehen kann und im Gebrauchsfalle von 6—8 Mann bestiegen wird. Dasselbe ist mit einer Korkbekleidung und mit Ventilen zum Ablaufen des Wassers versehen und steht beständig auf einem langen Wagen in einem Schuppen am Strande. Die Bemannung trägt Schwimmgürtel, welche am Boote befestigt sind, damit Niemand über Bord gespült werden kann. Macht ein zu hoher Seegang das Auslaufen des Fahrzeuges unmöglich, so schiesst man auf Entfernungen von 1000 Schritt nach den gestrandeten Schiffen mit Raketen, die eine starke Schnur nach sich ziehen und durch letztere die gefährdeten Seeleute in den Stand setzen, ein langes Tau anzuholen und an diesem dann mittelst Fahrstuhl die Landung zu bewerkstelligen. Snogebæk ist ferner dadurch bemerkenswerth, dass in seiner Nähe das russische Telegraphen-Kabel in's Meer gesenkt ist.

Der nach Rönne, resp. nach Aakirkeby führenden Strasse folgend, kam ich in Intervallen von je einer Stunde an zwei Kirchen, der Pouls- und der Peders-Kirche, vorbei. Unweit der ersteren, die aus schwarzem Kalk- oder Cementstein aufgeführt ist, erhebt sich ein ca. 200 Fuss hoher Hügel, der „Rispebjerg" (Riesenberg), auf welchem in alten Zeiten die jetzt nur noch durch einige Ruinen angedeutete „Ringburg" gestanden hat. Dieser Hügel soll, wie die Sage berichtet, früher von Riesen und Zwergen bewohnt gewesen sein. Einer der Riesen hiess Bonavede. Er ist gewissermassen der Stammvater der Bornholmer und, seiner Charakteristik nach zu urtheilen, der Urtypus der Insulaner. Bonavede's

Vater war ein Bonde (Bauer), seine Mutter eine Vaette (Meerfrau). Zieht man diese Benennungen zusammen, so entsteht Bondevaette, woraus sich später Bondevedde, Bondevede und Bonavede gebildet haben mögen. Bonavede war eben so gutmüthig wie schlau. Wollten die Puslinge oder „Unterirdischen" ihm einen Streich spielen, so kam er ihnen zuvor, denn er war „synsk", d. h. er konnte sehen, was Andere nicht sahen. So wusste er auch, dass die Berggeister ihn eines Tages betrunken machen und dann tödten wollten. Gleichwohl nahm er den ihm von den Zwergen dargereichten Becher an, schwang sich aber damit rasch auf sein Pferd und sprengte davon. Den Pokal schenkte er als guter Christ später der Peders-Kirche, wo derselbe noch heute zu sehen sein soll. Nach einer anderen Legende war die Insel im Anfang aller Dinge von guten und von bösen Geistern bewohnt. Bonavede hiess der Anführer der guten, Ulfson derjenige der bösen Geister. Beide Theile bekämpften sich fortwährend und führten endlich bei Hammershuus eine Entscheidungsschlacht. Bonavede und die Seinigen gingen als Sieger hervor und trieben Ulfson mit seiner Schaar über das Meer nach Schweden. Seit jener Zeit, also von jeher, kam aus Schweden nichts Gutes herüber. Das ist die Rache der bösen Geister.

Hinter der Pederskirche zweigt sich rechts von der Strasse der Weg nach

Aakirkeby

ab. Die Entfernung zwischen beiden Punkten beträgt ca. eine Meile. Schon von Weitem erblickt man den auf einer felsigen Höhe (280') liegenden Ort, der nicht nur die einzige Stadt im Innern des Landes, sondern auch die älteste der Insel ist. Als Zeit ihrer Gründung wird allgemein die Mitte des 12. Jahrhunderts angenommen; doch ist es nicht unwahrscheinlich, dass der Erzbischof Eskild, welcher 1149 den grössten Theil von Bornholm als Lehen erhielt, hier bereits eine Ansiedelung vorfand.

Als ich am Nachmittag in Aakirkeby anlangte, war ich so ermüdet und — warum soll ich's verschweigen? — so hungrig, dass sich meine Localstudien vorläufig darauf beschränkten, das Aushängeschild eines Gasthofes zu entdecken, in welchem ich zunächst die Bedürfnisse des physischen Menschen befriedigen konnte. Bald hatte ich gefunden, was ich, rechts und links blickend, gesucht, und widmete mich nun der passiv- activen Beschäftigung der Ruhe und der körperlichen „Erbauung" bei einem schnell zubereiteten frugalen Mahl. Beim Eintritt in das Local hatte ich einen Herrn bemerkt, der ebenfalls ein Reisender zu sein schien. Er mochte einen Kostenüberschlag machen; darauf liessen die vor ihm auf dem Tische ausgebreiteten Rechnungen und Bankscheine wenigstens schliessen. Nachdem er die Papiere zusammengerafft und an sich genommen, trat er zu mir heran und sagte auf deutsch:

„Sie gestatten mir wohl, Sie zu fragen, ob Sie ein Deutscher sind?"

„Das bin ich!" erwiederte ich, „und Sie sind, Ihrem Accent nach zu urtheilen, aus Schlesien."

Der Fremde lächelte. „Sie haben's errathen," fuhr er fort, „ich bin aus Breslau und lebe jetzt seit zwanzig Jahren in Dänemark." Und er stellte sich mir vor als Kaufmann A. Buhl, in Horsens auf Jütland ansässig. Wir wechselten einen Händedruck. Dann erzählte mir Hr. Buhl, dass er viele Jahre in Rönne gewohnt und dort ein Vermögen erworben habe. „Jetzt befinde ich mich auf einer Geschäftsreise," fügte er hinzu; „in etwa einer Stunde fahre ich nach Rönne zurück. Wollen Sie mein Begleiter sein, so soll's mich herzlich freuen. Wir können die Tour über Almindingen machen und dort zu Abend essen."

Obschon dieses freundliche Anerbieten sehr verlockend war, wollte ich doch nicht sofort zusagen, denn meinem Reiseplan gemäss beabsichtigte ich, die Nacht in Aakirkeby zu bleiben und erst am folgenden Tage über Almindingen nach Rönne zu gehen. Mein neuer Bekannter bat mich jedoch so dringend, ihn zu begleiten, und unterstützte seine Offerte durch so gute Gründe, dass ich ihm bedingungsweise meine Zustimmung gab. „Aakirkeby besitzt nichts Bemerkenswerthes als seine Kirche," sagte er unter Anderem „und diese können Sie in Zeit von einer Stunde eingehend besichtigt haben. Ist das geschehen, so werden Sie sich langweilen und in dem hiesigen Hôtel weniger gut schlafen als in Rönne. Für Almindingen bleibt uns der Rest des Tages. Ich lasse inzwischen anspannen, wir fahren scharf zu, und dort angelangt, führe ich Sie, wohin Sie wollen. Ob wir dann um zehn, um elf oder um zwölf Uhr Nachts in Rönne eintreffen, ist mir gleichgültig. Alles steht in Ihrem Belieben."

Gegen solche Motivirung liess sich freilich nichts einwenden. Ich gab meine Reisetasche dem Wirth zur Aufbewahrung und versprach in spätestens $1^1/_2$ Stunde zurück zu kehren. Auf der Promenade durch die Stadt sah ich nun selbst, dass Hr. Buhl mit seiner Beauptung Recht gehabt hatte. Aakirkeby als Stadt vermag keinen Besucher zu fesseln. Die Häuser sind klein und einfach; sie lassen weder einen bestimmten Baustil noch Schönheitssinn ihrer Besitzer erkennen. Jedes Gebäude erfüllt eben nur seinen Zweck als Behausung, voilà tout! Der Anblick ist recht prosaisch, denn man sieht nichts als das absolut Nothwendige. Bei Weitem interessanter ist die Kirche mit dem sie umgebenden Friedhof. Auf letzterem befinden sich viele schöne Monumente aus Marmor und Sandstein, die zum Theil sehr kunstvoll gearbeitet sind. Unter ihnen fiel mir besonders auf ein Grabstein aus weissem Marmor, auf welchem in Medaillonform die Bibelstelle: „Lasset die Kindlein zu mir kommen!" bildlich dargestellt ist. Die Ausführung ist meisterhaft und macht ihrem Urheber alle Ehre. Schade, dass ein so ungewöhnliches Talent sich hier vor der Welt verbirgt!

Die Aakirche stammt aus der letzten Hälfte des 12. oder aus dem Anfang des 13. Jahrhunderts. Sie ist aus schwarzem Cementstein aufgeführt und besteht aus einem Langbau mit Chor und Chorrundung und einem mächtigen viereckigen Thurm, der ursprünglich als Befestigungswerk zur Vertheidigung gedient haben mag. Der Langbau ist durch fünf viereckige Pfeiler in zwei gleich grosse Schiffe getheilt, an deren Seitenwänden ebenfalls Pfeiler stehen, die durch Rundbogen vereinigt sind. Der Thurm hat vier Stockwerke, von denen die ersten drei durch Tonnenwölbungen von einander geschieden sind, während die oberste Abtheilung ein zweitheiliges, am First gezacktes Dach mit vier eckigen Ausläufern trägt. Von dem Bilderschmuck in der Kirche sind besonders bemerkenswerth die aus der Zeit der Lübecker herrührenden Fresken an den Wänden, ein Altarbild (Christi Kreuzigung) und ein auf Holz gemaltes Wappen mit der Jahreszahl 1623. An die Herrschaft der Lübecker auf Bornholm erinnert ferner ein im Vorbau aufgestellter Grabstein, auf welchem der Landvoigt Sveder Ketting und seine beiden Frauen in ganzer Figur abgebildet sind. Ueber und neben den drei Gestalten befindet sich eine altdeutsche Inschrift, unter ihnen sind drei Wappenschilder in den Stein gemeisselt. Die reich mit Schnitzereien verzierte Kanzel ist wahrscheinlich hundert Jahre älter als dieser Stein. Der interessanteste und archäologisch werthvollste Gegenstand der Aakirche aber ist ein Taufbecken aus weissgrauem Sandstein, dessen Alter sich schwer bestimmen lässt. Es hat die Form eines mächtigen Pokals und zeigt auf seiner äusseren Wölbung einige Momente aus der Leidensgeschichte Christi in erhabener Arbeit dargestellt. Die Reliefs sind in Felder eingetheilt, über welchen die Erklärung der Bildwerke in Runenschrift steht. Aus dem Fusse treten vier Thierköpfe hervor, um welche sich Schlangen und Arabesken winden. Endlich verdienen noch Beachtung zwei gut erhaltene Runensteine, die sich in der Vorhalle, neben der Grabtafel des Landvoigtes befinden.

Nach der Besichtigung dieser Antiquitäten kehrte ich zum Gasthof zurück, vor welchem ein mit zwei kräftigen Pferden bespannter Wagen mich bereits erwartete. Wenige Minuten darauf lag Aakirkeby, zu deutsch Bachkirchendorf, mit seinen 180 Gebäuden hinter uns. In schnellem Trabe auf der nach Norden führenden Strasse dahinfahrend, erreichten wir in etwa einer Stunde den Saum des schönen, ca. eine Quadratmeile grossen Staatswaldes, welchen die Bornholmer

Almindingen

d. h. Gemeinfeld oder „Unser Aller Eigenthum", nennen. Hier verliessen wir den Wagen, der voraus fahren sollte, und besuchten nun, bald diesem, bald jenem lauschigen Pfade folgend, viele pittoreske Punkte, die ein Tourist ohne Führer nur schwer und mit grossem Zeitverlust finden würde. Mein freundlicher Cicerone kannte sie alle und schien es förmlich darauf abgesehen zu haben, mich fortwährend zu überraschen. Zuerst zeigte er mir als ein merkwürdiges Naturspiel den „Luisenbaum". Eine Eiche und eine Buche sind wenige Fuss über der Erde zusammengewachsen und haben ihr Laubwerk derart vermischt, dass man an den Zweigen Eichen- und Buchenblätter dicht beisammen findet. Da, wo die Stämme sich vereinigen, sieht man die Namenszüge F.VII. LD., zur Erinnerung an einen Besuch, welchen Friedrich VII. und seine Gemahlin, die Gräfin Luise von Danner, Almindingen am 13. August 1851 gemacht haben. Dann erblickten wir den grossen schilfbewachsenen Teich „Pykkekullekjær" und, unsere Wanderung unter dem grünen Laubdach fortsetzend, einen kleineren Waldsee „Kohullet", in welchem sich die an den steilen Ufern stehenden Birken spiegeln. Kohullet gleicht einem leuchtenden Smaragd in reizender Fassung. Poesievolle Stille herrscht rings umher, Alles scheint hier zu ruhen und zu träumen. Von diesem schönen Punkte führt der Weg durch ein anmuthiges, mit Laubholz, Brombeersträuchern, Wachholder und wilden Rosen bewachsenes Thal zum „Rokkesteen", der 15' lang, 4' breit, 5' hoch und, wie derjenige zwischen Svanike und Nexö, beweglich ist. Unser nächstes Ziel war die „Kolde Kilde", eine nahe der, Almindingen von Osten nach Westen quer durchschneidenden, Chaussée aus dem Boden hervorsprudelnde Quelle. Von hier folgten wir der Landstrasse eine kurze Strecke und beschritten dann einen Pfad, der in den Wald und, an dem kleinen „Borresee" vorüber, zur „Lilleborg" führt. Letztere scheint, dem Umfange der auf einem Hügel stehenden Ruinen nach zu urtheilen, früher eine ziemlich bedeutende Burg gewesen zu sein, obschon der Name sie als klein bezeichnet. Man erkennt noch das Fundament eines starken Thurmes mit Burgverliess und eines grösseren Gebäudes. Aus den auf Lilleborg gefundenen alten Waffenstücken und Münzen lässt sich schliessen, dass die Burg schon zu Anfang des 13. Jahrhunderts existirt habe. Unweit von Lilleborg, in südlicher Richtung, stand in alten Zeiten eine andere Burg „Gamle-Borg",*) deren Trümmer jetzt unter Gesträuch und Unkraut begraben liegen. Wie die Sage berichtet, hatte der letzte der Burgherren drei Söhne und drei Töchter. Die Söhne zogen hinaus in ferne Lande, als die Schwestern noch klein waren, und kehrten erst zurück nach vielen Jahren, um Eltern und Schwestern zu besuchen. Nahe dem Vaterhause sahen sie auf dem Lyng drei schöne Jungfrauen, welche im Begriff waren, nach der Oestermarien-Kirche (1 Meile westlich von Svanike) zu gehen. Von Begierde erfasst, wollen sie den Mädchen Gewalt anthun. Diese wehren sich und werden von den Rittern erschlagen. Als die Gräuelthat verübt, erkennen die drei Brüder in den Gemordeten ihre Schwestern. Ein Steinhaufen, „Varpern",

---

*) Nicht zu verwechseln mit der gleichnamigen Burg zwischen Svanike und Nexö.

dicht am Wege zwischen der Oestermarien- und der Bodils-Kirche, bezeichnet die Stelle, an welcher die Jungfrauen begraben sein sollen, und ein kleiner Platz in der Nähe, „Ridderjomfruerne", wird für den Ort des Verbrechens gehalten. — Almindingens schönster Punkt ist „Ekkodalen" (das Echothal). Steigt man von der „Gamle-Borg," am südlichen Bergabhang, hinab in eine Schlucht und folgt dieser Richtung noch eine kurze Strecke, so bemerkt man ein kleines Felsplateau, von welchem aus der Blick eine schöne Landschaft, „Römersdal", umfasst. Wald, Wiesen und Felder vereinigen sich hier zu einem harmonischen Ensemble, das sich uns, als wir die Granitplatte betraten, von der Abendsonne zauberhaft beleuchtet zeigte. Das Echo ist kaum weniger stark als dasjenige bei der Rosstrappe. Ich hatte meinen Revolver mitgebracht und liess meinen Begleiter, der eine solche Schusswaffe nie gesehen, die im Thal verborgene Nymphe durch wiederholtes Feuern wecken. Sie antwortete bei jeder Detonation wohl sechs bis acht mal. Minuten lang dauerte der Widerhall, der endlich als leiser Weheruf in der Ferne erstarb. Das Echothal verlassend, statteten wir der „Danner-Grotte" einer kleinen Felshöhle — welche der Gräfin Danner zu Ehren diesen Namen führt — noch einen flüchtigen Besuch ab und stiegen wieder bergan. Nach einiger Zeit gelangten wir auf den Gipfel des „Ritterknægt", des höchsten Berges (496') der Insel, wo ein 40' hoher viereckiger Thurm, „Kongemindet" (Königsdenkmal) steht, welcher 1855/56 zum Andenken an einen Besuch Friedrich VII. aus Felssteinen erbaut worden ist. Eine Treppe von 68 Stufen führt auf die Plateform. Von dieser Höhe aus überschauten wir die ganze Insel. Soeben tauchte die Sonne in's Meer und von ihren letzten Strahlen beschienen erglühten die Felspartien des Nordens in rosigem Licht, während die Südküste sich in einen transparent-violetten Schleier hüllte. Es war ein entzückender Anblick, von dem wir uns kaum zu trennen vermochten. Aber die herabsinkende Nacht gemahnte an den Aufbruch. Wir passirten ein Thal und erreichten nach einer Wanderung von ca. 20 Minuten „Christianshöi". Hier erhebt sich inmitten eines freien Rondels ebenfalls ein von der Bevölkerung (dem König Christian VII.) errichtetes Denkmal in Form eines Obelisken, der 20' hoch ist und auf seinen vier Seitenflächen folgende Inschriften trägt:

Auf der westlichen Seite:

For	Für
Christian Frederik	Christian Friedrich
Prinds af Danmark	Prinzen von Dänemark
Kongens og Folkets Ven	des Königs und des Volkes Freund
indviede	weihete
Almeen Borgerand	Gemeinsamer Bürgersinn
dette	dieses
Kjaerligheds Minde	Liebesdenkmal
og	und
Haedrede Stedet	Ehrte die Stätte
Med Navne	mit Namen
Christianshöi.	Christianshöhe.

Auf der südlichen Seite:

Aar 1824	Jahr 1824
Den 21. Juli	Am 21. Juli
samlede	versammelte
Prinds Christian	Prinz Christian
her	hier
Bornholmerne	die Bornholmer
til en	zu einem
Folkefest	Volksfeste
Og dettog med	Und nahm Theil mit
Mildhed og Naade	Milde und Gnade
i	am
Folkets Jubel.	Jubel des Volkes.

Auf der östlichen Seite:

Under	Unter
Folkets Fryderaab	dem Freudengeschrei des Volkes
og	und
Enighed i Aand	Einigen Sinnes
Udtaledes her	Wurden hier ausgesprochen
Dannerfolkets Oensker	des Dänenvolkes Wünsche
for	für
Landets Fader	den Landes-Vater
Frederik den VI.	Friedrich den VI.
af	von
Kongens Fraende	Verwandten des Königs
Danmarks Christian.	Dänemarks Christian.

Auf der nördlichen Seite:

Prinds Christian	Prinz Christian
glaedede	erfreute
Landets Indvaanerne	des Landes Bewohner
med	mit
Sin Hoïe Naervaerelse	Seiner hohen Gegenwart
fra	vom
12. til 25. Juli	12. bis zum 25. Juli
MDCCCXXIV.	1824.

Naar fyrsten glaede finder	Wenn Fürsten Freude finden
I folkets kjaerlighed	An der Liebe des Volkes
I hjerterne han vinder	So errichten sie sich in seinem Herzen
Et varigt mindestedt.	Ein dauerndes Denkmal.

In der Nähe dieses Obelisken steht ein Pavillon, in welchem man Logis (1 Krone) und gute Bewirthung findet. Wir liessen uns ein Abendessen geben und bestiegen dann den Wagen, der uns vor dem Hause erwartet hatte. Es war inzwischen so finster geworden, dass wir den vor uns sitzenden Kutscher kaum noch erkennen konnten.

Als wir ungefähr eine halbe Stunde lang gefahren waren, begann es zu regnen. Der Wind hatte sich gedreht und ein nasser Schauer rieselte auf uns herab. „Da müssen wir schon ein homöopathisches Mittel gebrauchen," sagte mein humoristischer Begleiter und rief dann dem Kutscher einige Worte auf Bornholmisch zu, welche dieser mit: „Jau Herre!" beantwortete. Bald darauf hielt der Wagen vor einem Bauernhause. „Hier giebt's ein Glas guten Sherry," erklärte Herr Buhl, indem er ausstieg und an die Thür klopfte. Die Bewohner schienen bereits zu schlafen, denn es dauerte geraume Zeit, bevor geöffnet wurde. Während mein Begleiter eintrat, ging ich einige Schritte abseits, um zu prüfen, ob mein Revolver, den ich im Zimmer abtrocknen wollte, entladen war. Ich liess den Hahn wohl zwölfmal anschlagen: die Waffe schien keinen Schuss mehr zu enthalten. Jetzt begab ich mich ebenfalls in's Haus. Mein Reisegefährte sass hinter einem Tische, auf welchem eine Lampe und zwei gefüllte Gläser standen. Näher tretend, war ich eben im Begriff, den Revolver aus der Hand zu legen und mein Glas zu ergreifen, als ich plötzlich einen Ruck fühlte und gleichzeitig einen Knall hörte. Die Lampe war erloschen, im Zimmer herrschte Todtenstille. Ich war vor Schreck einen Moment vollständig gelähmt. Dann rief ich, von Entsetzen gepackt: „Herr Buhl! Herr Buhl!" — Keine Antwort. — „Du hast ihn erschossen!" flüsterte eine Stimme in meinem Innern. Aber, es war ja nicht möglich! Die Waffe, welche ich in zwei Kriegen gründlich kennen gelernt zu haben glaubte, hatte nie versagt und konnte, nach der doppelten Probe vor dem Hause zu urtheilen, nicht geladen gewesen sein. Und doch zeugte die Thatsache für das Gegentheil. Am ganzen Körper zitternd und kaum im Stande, mich aufrecht zu halten, rief ich noch einmal: „Herr Buhl! Sind Sie verwundet?" — Nichts regte sich. Da öffnete sich eine Thür und der Hausbesitzer trat mit einem Licht in die Stube, hinter ihm her seine Frau, beide kreidebleich. Sie hatten den

Schuss natürlich gehört, waren dadurch aber so erschreckt, dass sie fast eine Minute lang weder Hand noch Fuss rühren konnten. Diese Minute war für mich zur Ewigkeit geworden. Jetzt, beim falben Licht der Kerze, fiel mein erster Blick auf das Sopha, mir gegenüber. Dort lag mein Begleiter lang hingestreckt, anscheinend leblos. Mir schwindelte der Kopf, ich musste mich am Tisch festhalten, um nicht zu fallen. Der Bauer und seine Frau traten an den Todten oder Verwundeten — noch war der Unterschied nicht zu erkennen — heran und rüttelten ihn. Vergeblich. Dann holte die Frau ein Glas Wasser herbei und besprengte das Gesicht. Da zuckten die Augenlider, der Mund öffnete sich und der Körper machte eine Bewegung. Ich athmete auf. Das Schlimmste war also nicht geschehen. Eine Centnerlast wich von meiner Brust. „Fühlen Sie etwas?" fragte ich den allmälig zum Bewusstsein Zurückkehrenden. Er sah mich gross an, erhob sich, betastete seine Arme und Beine und erwiderte: „Ich ... glau ... be ... nicht. Nein ... ich bin ... unversehrt." — Wie doch das Komische neben dem Hochtragischen einhergeht! Unter anderen Umständen würde ich über das drollige Tasten nach etwa empfangenen Wunden gewiss herzlich gelacht haben, in diesem Falle blieb jedoch die Nachwirkung des Entsetzens vorherrschend. Ich war froh, mit der Angst davon gekommen zu sein. Eine Strafe, mehr materieller Natur, wurde mir indess noch nachträglich auferlegt. Als ich nämlich Herrn Buhl, der vor Schreck ohnmächtig geworden war und sich rasch erholte, den Hergang erzählte und ihn um Entschuldigung gebeten hatte, suchte ich an der Wand nach der Stelle, welche der Schuss getroffen haben konnte. Ich entdeckte nichts, weder ein Loch, noch einen Kugelabdruck. Zum Tisch zurückkehrend, auf welchem die vorher durch den Luftdruck ausgelöschte Lampe jetzt wieder angezündet stand, bemerkte ich, wie von demselben eine dünne Rauchsäule emporstieg. In der Mitte der Decke war ein grosser, noch glimmender Brandfleck, und gerade unter letzterem sass, zwischen Splittern versteckt, die Kugel, deren Spitze aus der unteren Fläche der fast einen Zoll starken Platte hervorragte. Das Geschoss war genau in der Richtung auf Herrn Buhl in den Tisch gedrungen und würde unzweifelhaft verderbenbringend gewesen sein, wenn ich die perfide Waffe im verhängnissvollen Moment um wenige Linien höher gehalten hätte. Nach dieser Entdeckung, die mir noch einmal den schrecklichen Vorfall mit seinen möglichen Consequenzen vor die Seele führte, fühlte ich mich dem Hausbesitzer zu einer Entschädigung verpflichtet. Ich gab ihm auf sein Verlangen 16 Kronen, womit meines Erachtens nicht nur die zerschossene Tischplatte, sondern auch sein und seiner Frau Schreck mit bezahlt war. Ob wir unsern Sherry getrunken oder stehen gelassen haben, vermag ich nicht zu sagen, wohl aber erinnere ich mich, dass wir unsere Fahrt nach Rönne bald fortsetzten und auf den anhaltenden Regen kaum noch achteten. Wie ich von Herrn Buhl erfuhr, ist das Haus, in welchem die Begebenheit sich zutrug, das Selveiergaard (Selbsteignerhof) No. 59. Der Besitzer heisst P. Hansen. Zum Schluss dieser Episode will ich noch erwähnen, dass Herr Buhl keinen einzigen Vorwurf gegen mich laut werden liess, sich vielmehr bemühte, dem Ereigniss eine humoristische Seite abzugewinnen. „Sie haben — scherzte er unter Anderem — der Gesellschaft, bei welcher mein Leben versichert ist, 5000 Thaler gerettet. Darf Ihnen diese dankbar sein, so bin ich's nicht minder, denn ich weiss jetzt, was es heisst, im Feuer gestanden, oder richtiger gesessen zu haben." Obschon ich nach dem eben Erlebten auf solche Witzeleien nicht eingehen mochte, wusste ich ihm doch Dank um der guten Absicht willen. So kamen wir endlich gegen Mitternacht nach Rönne, wo wir uns bis zum folgenden Tage von einander verabschiedeten.

X. Rönne. (Schluss.)

Den letzten Tag meines Aufenthalts auf Bornholm benutzte ich zu einer Excursion nach der Nykirke und zu einem Besuch der Terracottenfabrik von L. Hjorth in Rönne.

Nykirke (Neukirche), eine der vier Rundkirchen[*]

---

[*] Oleskirke, Nylarskirke, Oesterlarskirke und Nykirke.

der Insel, steht ³/₄ Meile nordöstlich von Rönne. Dem Namen nach ist sie neueren Ursprungs, in Wirklichkeit aber wahrscheinlich das älteste Gebäude Bornholms. Die Nykirche ist aus Granit aufgeführt und erscheint, von aussen betrachtet, als ein starker zweistöckiger Thurm mit mehreren kleinen Anbauten. Der Thurm zeigt den rohen, altnordischen Baustil und dürfte aus dem 11., spätestens aus dem Anfang des 13. Jahrhunderts stammen. Er war, wie die Thürme der anderen Rundkirchen, ursprünglich ein Festungswerk, wofür nicht nur die mächtigen Mauern, sondern auch die noch vorhandenen Schiessscharten zeugen, und wurde anscheinend erst später zum Gottesdienst benutzt. Im Innern dieser Kirche, das aus einer Rotunde und einer Chorrundung besteht, befinden sich viele alte geschmacklose Malereien, u. a. ein Bild, welches Christum als Prediger darstellt, zu dessen Füssen ein Schwein und ein Hund liegen, während im Hintergrund der Teufel in Gestalt einer Schlange mehrere geputzte Menschen zu verschlingen sucht. Die Erklärung dieser seltsamen Composition geben die darunter stehenden Verse:

Selv Jesus ordet för	Jesus selbst führt das Wort,
En deel det glad annammer.	Welches ein Theil fröhlich annimmt,
Som hund og Soen gjör	Wie es Hunde und Säue thun,
En deel dog prægtig brammer.	Während ein (anderer) Theil sich eitel aufbläht.

    Ungleich interessanter sind eine alte Kirchenthür mit Schnitzwerk und ein im Anbau, dem sogenannten Wappenhause, befindlicher Runenstein, auf welchem zu lesen ist: „— Enke setzte diesen Stein seinem Sohne Svend, der ein guter Junge war. Christ helfe seiner Seele!" — —

    Am Nachmittag besuchte ich in Begleitung des Herrn Buhl, der den Schreck des vorigen Abends verschlafen hatte, die oben genannte Terracottenfabrik. Der Besitzer, ein noch junger Mann, führte uns durch die Räume, zuerst in das Waarenlager, dann in die Werkstätten, und erklärte uns in zuvorkommender Weise die Ausführung der verschiedenen Arbeiten. Wir sahen schön geformte Vasen aller Grössen mit kunstvollen Malereien, Statuetten und Medaillons nach Modellen berühmter Bildner, namentlich von Thorwaldsen, köstliche Fruchtschalen, Blumentöpfe und viele allerliebste Nippessachen. In den Ateliers wurde geformt, gedreht und gemalt. Ein Arbeiter nahm auf Geheiss des Hrn. Hjorth einen Klumpen

Thon, knetete ihn, bestieg damit die Drehbank und liess
nun vor unseren Augen eine zierliche Vase entstehen, an
welche ein anderer Arbeiter die inzwischen gefertigten
Henkel setzte. Alles geschah schnell und geräuschlos.
Man hörte nur das Schnurren der Räder und das Schleifen des geschmeidigen Materials. Letzteres wird bei Rönne
in grossen Massen gefunden. Der Besuch dieser Fabrik,
die ihre Erzeugnisse in alle Welttheile versendet, ist Jedem
gestattet und den Reisenden mit Recht zu empfehlen.
Uebrigens sind die Terracotten ausserordentlich billig
und eignen sich als Specialität der Rönner Kunstindustrie
besonders zu „Souvenirs" an Bornholm.

Mein Aufenthalt auf der Insel ging zu Ende. Um 10
Uhr Abends gedachte ich mit der bereits im Hafen liegenden „Skandia" die Rückreise anzutreten. Gern hätte
ich zuvor noch die Bekanntschaft eines in Dänemark viel
genannten Alterthumsforschers, des Amtmann Vedel
gemacht, der sich zur Zeit ebenfalls auf Bornholm befand;
aber Niemand konnte mir sagen, wo dieser Herr sich im
Moment aufhielt. Wie ich später erfuhr, hatte der um
die nordische Archäologie hoch verdiente Gelehrte in
jenen Tagen wieder mehrere Hünengräber blossgelegt und
darin mancherlei Geräthe aus der Broncezeit gefunden.
Mein Gewährsmann, Hr. Warrer in Kopenhagen, wollte
einer solchen Excavation, unweit der Oesterlarskirche,
beigewohnt haben. Nach seinen Angaben begann man
die Ausgrabung im Nordwesten des Hügels und stiess
hier nach einiger Zeit auf gebrannte Knochen, in deren
Nähe eine Broche, ein schlangenförmiges Armband, beide
aus Bronce, und ein Kranz Perlen lagen. Die letzteren,
aus Glasmasse, Porcellan und gebranntem Thon gefertigt,
waren zu einem Halsband an einander gereiht. Vier dieser uralten Perlen wurden mir von dem Genannten geschenkt. Sie sind linsenförmig, in der Mitte durchbohrt
und messen $1/2$ Centimeter im Radius. Beiläufig bemerkt,
ist Jeder gesetzlich verpflichtet, die im dänischen Staate
gefundenen Antiquitäten, mit Ausnahme kleinerer, oft
vorkommender Gegenstände wie Perlen etc., gegen eine
entsprechende Remuneration an die Direction der Museen
in Kopenhagen abzuliefern, eine Massregel, die nicht nur
Anerkennung verdient, sondern auch gern und gewissenhaft befolgt wird.

Ein letzter Spaziergang galt dem Rönner Friedhof,
welcher, wie bereits erwähnt, südlich von der Stadt, hoch

am Strande liegt. Mein Weg führte mich am Hafen vorüber. Hier hatte sich während meiner Wanderung um die Insel ein beklagenswerther Unfall ereignet. Der Damm der neuen Hafenanlage war von der See durchbrochen und das mit vieler Mühe und grossen Kosten geschaffene Bassin stand vollständig unter Wasser. Vom Friedhofe aus hat man nach Westen hin einen weiten See-Horizont. Die Stätte selbst erinnert an Vergängliches und Vergangenes, u. a. auch an eine historische Begebenheit, die sich am 30. Mai 1563 in einiger Entfernung von derselben auf der See zutrug. An jenem Tage fand nämlich, Angesichts der Küste, ein Marine-Gefecht statt zwischen einer schwedischen und einer dänischen Flotille, die wohl durch Missverständniss in Kampf gerathen waren, denn zwischen den beiden Mächten herrschte damals Friede. In dem Bericht eines Augenzeugen*), der dieses Gefecht beschreibt, lautet eine Stelle wie folgt: „Dieser scharmutzel bei Bornholden hatt geveret vber drei grosse Stunden von zweien schlagen an bis nach funffen, vnd sein vf beiden seiten vber die tausent schusse gescheen, seint auch auf irer seiten vil personen todt bliben vnd ersoffen auch vber 900 gefangenen, darunter ir Amirall Jacob Bruckenhaussen vnd andere haubtleut vnd von Adell laut beiliegendes verzeichniss. — Es seint auf dem „Hercules" allein 220 stück vf reder gestanden; one was vf den andern beiden Schiffen von Geschütz gewesen, welches wir nicht gehabt haben, ist aber nicht onder 300 stücken vf denselben zweien Schiffen gewesen, das also vf den dreien Schiffen bis ca. 500 stück vnd vil Kenult vud Lott erobert wurden. Letztlich haben auch die vnderthanen vf Bornholm, so denemerkisch ist, vnd ihr die von Lübeck pfandtsweise inhoben, sich befürcht, wir würden Inen in das Land fallen vnd sie etwa brennen. Derwegen vns eine Summe gelts, nemlich sechs tausend thaler gebotten. Es hat aber vnser Amiral vnd der von Gerau sambt den andern Gesandten, one weitern beuelich Kon. W. zu Schweden, nichts annehmen wollen, diewoil inen von iren Konig so hart beuolen ist gewesen, gegen niemand was vindtliches vorzunemen." — Viele Augenzeugen dieser Begebenheit schlummern auf dem

---

*) Der damalige Kurhessische Gesandte am Schwedischen Hofe.

Rönner Friedhof dem Auferstehungstage entgegen. Unter ihnen, am Strande, rauscht das Meer, ewig ruhelos. —

Nachdem ich von meinen Bekannten Abschied genommen, begab ich mich an Bord, in hohem Grade befriedigt durch eine Reise, auf welcher ich in wenigen Tagen viel gesehen und erlebt hatte. Mit grossen Erwartungen war ich nach Rönne gekommen, aber diese waren, nach der ersten Enttäuschung, noch übertroffen worden. Die Rückfahrt nach Kopenhagen und von dort nach Swinemünde verlief ganz nach Wunsch und bot nichts Bemerkenswerthes. So nehme ich denn Abschied auch von dem Leser, der mich bis hierher begleitet, und danke ihm für das freundliche Interesse, welches er meinen Aufzeichnungen vielleicht geschenkt hat. Zum Schluss möchte ich allen Naturfreunden zurufen: **Wer Grossartiges sehen will und auf einige Bequemlichkeiten verzichten kann, der besuche Bornholm!**

Touristenführer.

Reisezeit. Als geeignetste Zeit für eine Reise nach Bornholm sind die Monate Juli und August zu empfehlen, da während derselben die Witterung auf der Insel andauernd günstig zu sein pflegt und die Felspartien sich dann in ihrer vortheilhaftesten Beleuchtung zeigen.

Ausrüstung. Pass nicht nothwendig, Legitimationskarte indess empfehlenswerth, falls der Reisende Werthsendungen erwartet. — Geld: deutsche Goldmünzen, die überall vollwerthig, oder doch gegen einen Verlust von nur wenigen Pfennigen, angenommen resp. umgewechselt werden. — In ganz Dänemark rechnet man nach Kronen und Ören; 1 Krone = 100 Öre = 1 deutsche Reichsmark 12,5 Pfge. — Für die Bekleidung sind die körperlichen und Bequemlichkeitsbedürfnisse des Reisenden, sowie die Dauer seines Aufenthalts auf der Insel, massgebend. Der Tourist wolle sich so wenig wie möglich beschweren: leichter, haltbarer Anzug, solide Stiefeln oder Schuhe, Paletot, Wäsche zum Wechseln, Schirm, Reisetasche zum Umhängen, Compass. — Rauchern sei die Mitnahme von Cigarren empfohlen.

Transport. In Ermangelung einer directen Dampfschifffahrt zwischen Deutschland und Bornholm ist der deutsche Reisende genöthigt, den Umweg über Kopenhagen zu machen, der ihm Gelegenheit bietet, die Hauptstadt Dänemarks en passant zu besichtigen. Schiffskurse und Fahrpreise sind auf 7 Seite angegeben.

Aufenthaltsorte für längere Zeit: Almindingen (resp. Rönne) — Helligdomsgaard bei Rö — Allinge. Durchschnittspreis pro Tag für Logis und vollständige Beköstigung 3 Kronen. In allen Städten (Rönne, Hasle, Allinge, Svanike, Nexö, Aakirkeby) sind Wagen zu haben. Fuhrlohn nach Vereinbarung.

Touren und Routen. Ein rüstiger Fussgänger vermag die schönsten Punkte der Insel in fünf Tagen zu besuchen.

Erste Tour: Von Rönne nach Allinge (3½ Meilen). Rönne. Hôtels: „Hôtel Rönne", „Dam's Hôtel", „Hôtel Bornholm" (am Hafen). — Des Besuches werth: Arsenal, Kastell, Friedhof, Hafenanlagen; die Terracottenfabriken von L. Hjorth, Ed. Fr. Sonne, N. Th. Sommer; die Kunsthandlungen von Colberg, L. F. Bjerg, G. Stöckel, Th. Spelling (wo photographische Ansichten aller pittoresken Punkte der Insel käuflich zu haben sind). — Wagen bei Richard Funck, Storegade. — Von Rönne führt eine gut unterhaltene Strasse in nördlicher Richtung nach Allinge. Längs derselben zieht sich (links) ein anmuthiger Pfad durch das Gehölz „Sandflugten", in welchem sich die Vergnügungs-Locale „Villa-Nova" und „Sommerlyst" befinden, fast bis zum Städtchen Hasle. Am Wege dahin, ca. ¼ Meile vor Hasle, neben der „Brogaardsbrücke", ein schöner Runenstein. Bei Hasle ein Kohlenbergwerk. — In der Stadt Hartz' Gasthof. — Eine halbe Meile nordöstlich von Hasle steht auf einer Anhöhe, hart an der Strasse, die „Ruths-Kirche" (schöne Aussicht auf die See); ca. 100 Schritte weiter zweigt sich links ein Vicinalweg ab. Folgt man demselben eine Strecke und beschreitet nun einen l. nach dem Strande hinableitenden Pfad (den Verfasser verfehlte), so gelangt man zur „Jons-Kapelle" und von dort, die Wanderung am Strande nach Norden zu fortsetzen, zuerst nach Vang (Fischerdorf), dann nach „Hammershuus", dem Hammerberg, Sandvig und endlich nach Allinge. (Hat der Reisende über mehr als fünf Tage zu verfügen, so möge er sich von Rönne direct nach Allinge begeben und von dort aus die höchst lohnende Partie nach der Jons-Kapelle als zweite Tour machen.)

Zweite Tour. Von Allinge nach Gudhjem (2½ Meilen). Der Weg führt längs dem klippenreichen Strande nach Osten. Nach ca. zweistündigem Marsche erreicht man das reizende Waldthal „Dyndal" (Aussichtspunkt „Amtmandssteen"), sodann, bergan steigend, das Gehöft „Helligdomsgaard" (Logis, Beköstigung) und befindet sich nun in der unmittelbaren Nähe von „Helligdommen", einer grossartig schönen Felspartie. Von Helligdomsgaard führt ein Pfad in südlicher Richtung zur Chaussée, auf welcher man, an der Rö-Kirche vorbei, in wieder zwei Stunden das Fischerdorf Gudhjem erreicht. (Koch's Gasthaus.) Von Gudhjem Abstecher nach der Inselgruppe „Ertholmene". Ueberfahrt billig, oft Gelegenheit.

Dritte Tour. Von Gudhjem nach Svanike (2½ Meilen). Strandweg bis zur Felspartie „Randklöveskaaret" (dort Führer aus einem der in der Nähe stehenden Bauernhäuser), dann Chaussée. — Ca. ½ Meile vor Svanike, rechts neben der Strasse „Luiselund", ein schöner Hain mit vielen Bautasteinen. In Svanike sehenswerth: der Hafen, die Kirche mit Runenstein, nördlich von der Stadt die „Tempelklippen". — („Hôtel Oestersen", „Carlsen's Gasthaus").

Vierte Tour. Von Svanike über Nexö nach Aakirkeby (3 Meilen). Bis Nexö 1¼ Meilen Strandweg. Rechts neben der Strasse die Aussichtspunkte „Helvedesbakkerne", „Paradiisbakkerne" und „Klintebakken", ferner ein Rokkesteen, die „Gammelborg-Ruine" und, links bei Nexö, „Frederikssteinbruch". (In Nexö „Korup's Gasthaus".) Statt jetzt der landeinwärts führenden Strasse zu folgen, gehe man noch ca. ¾ Stunde an der Küste entlang bis zum Fischerdorfe Snogebæk (Rettungs-Station) und beschreite nun die Chaussée. Rechts neben derselben, in Intervallen von je einer Stunde, die Pouls- und die Peders-Kirchen (aus schwarzem Kalkstein aufgeführt, bei der ersteren der „Rispebjerg". Hinter der Pederskirche rechts Nebenweg nach Aakirkeby (dort „Pedersen's Gasthof"). Des Besuches werth die alte Kirche (2 Runensteine, Taufbecken, Grabstein des Lübecker Hauptmanns Sveder Ketting und seiner beiden Frauen, Altarbilder).

Fünfte Tour. Von Aakirkeby über Almindingen nach Rönne (2¼ Meilen). Strasse bis Almindingen in nördlicher Richtung. Zum Besuche aller interessanten Punkte in Almindingen bedarf man mehrerer Stunden. Führer zu nehmen räthlich. Sehenswerth: „Luisenbaum", der „Rokkesteen", die Ruinen von „Lille- und Gamle-Borg", „Ekkodalen", die „Dannergrotte", „Kongemindet" und das Denkmal auf Friedrichshöhe. In der Nähe des letzteren steht ein Pavillon, in welchem man Logis (auch für längere Zeit) und gute Bewirthung findet. Die Entfernung zwischen Almindingen und Rönne (westlich) beträgt 1½ Meilen. —

Da in der vorstehenden Schilderung sowohl die Märsche wie die einzelnen Punkte bereits beschrieben worden sind, so glaubte ich an dieser Stelle mich nur auf kurze Notizen beschränken zu dürfen.

Sprachführer.

Aussprache.

Aa vor t, dt, tt wie o im Worte „oft", sonst wie ein langes o. Ae und Â wie a in Jahr, æ wie ä in Ähre. — Steht a vor einem v, dem ein anderer Consonant folgt, so klingt av wie au, z. B. Navned (Name) nauned.

Ø, das deutsche ö, ist zwischen zwei Consonanten kurz, wie in Rønne, spr. Rönne, am Anfang und am Ende einer Silbe gedehnt; vor f, l, st, t und x klingt es fast wie ein kurzes ü. — Ou (dänisch ov) lautet wie au, z. B. Voun (Wagen) spr. Waun.

Y wie ü, z. B. Tyscht (deutsch) tüscht.

G und k vor j werden respect. wie d und t ausgesprochen, z. B. gjerna (gern) spr. djerna, kjöra (fahren) spr. tjöra.

H vor j und v stumm, z. B. hva (wie) spr. va.

Anmerkung: éinj wie: e-inj.

Grammatikalisches.

a) **Der bestimmte Artikel**: inj der, en die, et das (Plural: na(a), er, en) wird dem Substantiv angehängt, z. B. Steninj, Stèjen, Hused (Plur. Stenana, Stèierna, Husen), der **unbestimmte** (éinj ein, en eine et ein) ihm vorangestellt, wie „éinj Plås", ein Platz. Der Genitiv wird gebildet, indem man den Substantiven ein s anhängt: z. B. Huseds. — Alle anderen Casus bleiben unverändert.

b) **Pronomina** personalia: jå ich, mej mir, du du, dej dir dich, hainj er, inj oder hannem ihn ihm, sej sich, hon sie, hèinje oder na ihr, dèinj, ded es, vi wir, vos uns, J ihr, jer euch, di sie, dom ihnen, sej sich. — Pronomina possessiva: min, mit, mina mein, din, dit, dina dein, sin, sit, sina sein, vor, vort, vora unser, jer, jert, jera euer. — Pronomina demonstrativa: masc. und fem.: dèinj oder dèinja (Gen. dèinjs, deds) derjenige, diejenige, ded dasjenige; di, desse diejenigen, dorres derjenigen, dom denjenigen, m. und f. dèinjaher oder dèinjhersen, n. deher, dehersen, (Genitiv: dèinhersens), Plur.: dihersen(s), dieser, diese, dieses, dèinjder, dèinjdersen (s, di-s) jener, jene, deder, dedersen (s, di-s) jenes. — Pronomina relativa: hvikkinj, hvikken, hvikked (Plur. hvikkena), welcher, welche, welches. — Pronomina interrogativa: hvikking, hvaforeinj, hvaforen, hvaforet, Plur. hvafornaana was für ein u. s. w. und hvem(s).

c) **Einige unregelmässige Comparative**: go, bère, bèst gut, besser, am besten; gammel, ælre, ælst alt, älter, am ältesten; laang, længre, længst lang, länger, am längsten; lidinj (en, ed), minjre, minjst klein, kleiner, am kleinsten; on, onara, onast (oder unregelmässig: on, varre, varst) böse, böser, am bösesten; stor, storre, storst gross, grösser, am grössesten; ong, yngre, yngst jung, jünger, am jüngsten.

d) **Einige Adverbien**: alti, èmmer immer, alt schon, alri nie, saa, derette nachher, ette nah, inu noch, éinjgaang einmal, naar wenn, nu nun, jetzt, næstan beinahe, idå heute, igaar gestern, imårm morgen, iforregaars vorgestern, ommentrennt ungefähr, retnu, straijs sogleich, snårt, paa Stuinjen bald, tit oft, uinjetiden zuweilen, især besonders,

ilja schlecht, omsonst vergeblich, saasom als, knapt, noue kaum, nöje genau, som wie, vel wohl, hvorfor warum, hvöddan wie, inte nicht, kainjsje, maasje vielleicht, monne ob, ou auch, aa saa vidre und so weiter.
e) **Konjunctionen**: aa, ou und, ou, auch, vel zwar, men aber, livel doch, om, dersom wenn, naar, hvis wenn, fost zuerst, aasaa worauf, naar wann, da, als, mens, imens während, som wie, als.

f. Zahlen:

1 én, ét	11 èiljua	21 én aa tjyve
2 to	12 tål	30 treddua
3 tre	13 trettan	40 förre
4 fira	14 fjourtan	50 haltrös
5 fem	15 femtan	60 trös
6 sex	16 sejstan	70 halfjers
7 sju	17 syttan	80 firs
8 aata	18 attan	90 halfems
9 ni	19 nyttan	100 hunrede
10 ti	20 tjyve, tjive	1000 tusen

1. dèinj fossta	8. dèinj aatene	50. dèinj haltrösene
2. „ anra	9. „ niene	60. „ trösene
3. „ tridde	10. „ tiene	70. „ halvfjersene
4. „ fjère	20. „ tjyvene	80. „ firsene
5. „ femte	21. „ én aa tjyvene	90. „ halfemsene
6. „ sjette	30. „ treddute	100. „ hunredene
7. „ sjuene	40. „ förrene	1000. „ tusene

g. Einige Hilfszeitwörter und Zeitwörter:

Ich habe, du hast, er, sie hat, wir haben, ihr habt, sie haben.	Jå hår, du hår, hainj hår, hon hår, vi hå, J hå, di hå.
Ich hatte, du hattest, er, sie hatte, wir hatten, ihr hattet, sie hatten.	Jå hadde, du hadde, hainj hadde, hon hadde, vi hadde, J hadde, di hadde.
Ich werde haben, du wirst haben, er, sie wird haben, wir werden haben, ihr werdet haben, sie werden haben, — gehabt.	Jå ska (vil) hå, du ska hå, hainj ska hå, hon ska hå, vi ska hå, J ska hå, di ska hå, — hat.
Ich bin, du bist, er ist, sie ist, wir sind, ihr seid, sie sind.	Jå e, du é, hainj e, hon e, vi e J e, di e.
Ich war, du warst, er, sie war, wir waren, ihr waret, sie waren.	Jå va, du vå, hainj va, hon va, vi va, J va, di va.
Ich werde sein, du wirst sein, er, sie wird sein, wir werden sein, ihr werdet sein, sie werden sein, — gewesen sein.	Jå ska varra, du ska varra, hainj, hon ska varra, vi ska varra, J ska varra, di ska varra, — hå vad.
Ich muss, wir müssen, ich musste, wir mussten, — gemusst.	Jå bör (maa), vi bör (maa), jå bore (maatte), vi bore (maatte), — borad (maattad).
Ich mag, wir mögen, ich möchte, wir mochten, — gemocht.	Jå gjider, vi gjida, jå gad, vi gad, — goddad.
Ich kann, wir können, ich konnte, wir konnten, — gekonnt.	Jå kainj, vi kainj, jå kuinje, vi kuinje, — kuinjad.

Ich lasse, wir lassen, ich liess, wir liessen, — gelassen.
Ich darf, wir dürfen, ich durfte, wir durften, — gedurft.
Ich will, wir wollen, ich wollte, wir wollten, — gewollt.
Ich fahre, ich fuhr, — gefahren.
Ich bitte, ich bat, — gebeten.
Ich befehle, ich befahl, — befohlen.
Ich trinke, ich trank, — getrunken.
Ich sehe, ich sah, — gesehen.
Ich sage, ich sagte, — gesagt.

Jå lar, vi lar, jå lo, vi lo, — lad.
Jå torr, vi torr, jå tore, vi tore, — torad.
Jå vil, vi vil, jå vilje, vi vilje, — villad.
Jå åger, jå ågte, — åged.
Jå ber, jå bå, — bed.
Jå befåler, jå befålde, — befålt.
Jå drikker, jå drak, — drukked.
Jå ser, jå saa, — set.
Jå sejer, jå så, — sajt.

Vocabeln.

Abend	Autan, masc.	heiss	hed
Abendbrot	Autansmåd, m.	Herr	Herre, m.
Abfahrt	Bortresa, Vækrejsa, fem.	hoch	höj
		hören	höra
Abreisen	resa, rejsa	Hôtel	Hotel, n.
Abschied	Afsje, f.	hübsch	smokk
Allein	ena	in	i
Andenken	Aaminjelse, f.	Junge, Knabe	Horra, m.
Bauer	Bone, m.	Jungfrau	Jomfru, f.
Bauerngut	Bonagaar, m.	kalt	koilj
Bett	Sèinj, f.	Käse	Ost, m.
Bier	Öl, neutr.	keine, kein	injinj, injed
Boot	Baad, m.	krank	sjög
Brief	Brev, n.	kurz	kort
Brot	Brö, n.	Lachs	Lajs, m.
Buch	Bog, f.	Mahl	Maal, n.
Caffee	Kaffe, f.	Meer	Sjö, m, Hav, n.
da	der	miethen	leja
Däne	dansk, dansker, danskt	mit	mè, vér
		Mittwoch	Onsda
danken	takka	Montag	Manda
Dienstag	Tirsda	Nacht (gute Nacht!)	Nat, f. (go Nat!)
Donnerstag	Torsda		
Essen	Måd, m.	nass	vaad
Felsen	Hailjen, Klyppa, f.	nicht, nichts	ikje, injed
		Ort	Stà, m.
Feuer	Fyr, f.	Osten	Öst
Fisch, Fischer	Fisk, Fiskara, m.	Post	Post, m.
Frau, Fräulein	Konna, Fru, Fröken, f.	rasch	rask, horti, house
		Rinderbraten (Beefsteak)	Oxastèj, f.
Freitag	Freda		
Führer	Vejvisara, m.	Runenstein	Runesten, m.
Fuhrlohn	Vounleja, f.	Sonnabend	Lourda
Fuss	Fod, m.	Sonntag	Sönda
gehen	gaa	Stiefel	Stevla, m.
Geld	Pèinja (nur im Plural gebr.)	Stube	Stoua, f.
		Wasser	Van, n.
Glas	Glås, n.	Weg	Vej, m. (Vèjinj)
gross	stor	woher, wohin	hvorfraa, hvorhen, hvortè
Hafen	Haun, f.		
Hammelbraten	Lammastèj, f.	Zimmer	Kammers, n.

Gespräche und Redensarten.

Deutsch.	Dänisch.	Bornholmisch.
Sind Sie lange auf Bornholm gewesen?	Har De været længe paa Bornholm?	Hár Di vad leinje pas Borrinjholm?
Wollen Sie mir den Weg nach Hammershuus — Jons-Kapelle, Roe-Quelle (dem Heiligthum), Almindingen (Gemeinfeld), Randkleven zeigen?	Vil De vise mig Vejen til Hammershus — Johns Kapel, Bøkilde (Helligdommen) Almindingen, Røndkleven?	Vil Di visa mej Vèinj te Slotted*) — Johns Kjerka, Bøkjilja, Alminjen, Ránklèusøkaared?
Wie weit liegt Hasle von hier? Südlich, nördlich, östlich, westlich von. — Längs dem Strande.	Hvor langt ligger Hasle herfraa? Syd, nord, øst, vest for. — Langs med Stranden.	Hvor lånt ligger Hásle herfraa? Syinjan, noran, østan, vestan for. — Laangs mè Strán.
Nexö liegt südlich von Svanike. Sie müssen so schnell gehen, als Sie können, um ihn einzuholen.	Nexö ligger syd for Svanike. De maa gaa saa hurtig, De kan for at indhente ham.	Nejse ligjer syinjan for Svånika. Di ska gaa house, Di kainj for sa hinja' inj.
Seit wann sind Sie hier?	Hvor længe har De været her?	Hvor leinje hár Di vad her?
Ich bin hier nur seit drei Monaten.	Jeg har kun været her i tre Maaneder.	Já hár kons vad her i tre Maanada.
Ist Ihr Bruder vor kurzem hier gewesen?	Har Deres Broder været her for nylig?	Hár Dores Broer vad her for nylig?
Er war vor vierzehn Tagen hier.	Han var her for fjorten Dage siden.	Hainj va her for fjourtan Dá sin.
Wie viel kostet ein Wagen bis Allinge?	Hvad koster en Vogn til Allinge?	Hva tár di for èinj Voun te Allinja?
In dieser Zeit kostet er ungefähr elf bis zwölf Kronen.	For Tiden koster den vel omtrent elleve å tolv Kroner.	Nu tár di vel mest en èiljua, tål Kroner.
Der Fuhrlohn ist höher als früher.	Vognlejen er höjere end för.	Vounlejan e dyrere inj forra.
Man fährt billiger mit dem Postwagen, man bezahlt nur zwei Kronen.	Man kjörer billigere med Posten, man giver kun to Kroner.	Einj kjör billiara mè Postinj, èinj gjer kons to Kroner.

*) Die Bornholmer sagen immer „Slotted" (das Schloss), nicht „Hammershuus".

Deutsch.	Dänisch.	Bornholmisch.
Wie heisst diese Stadt?	Hvad hedder den By?	Hva heder dènj Böinj?
Ich kann mich auf den Namen nicht besinnen.	Jeg kan ikke komme paa Navnet.	Jâ kainj inte komma paa Navned.
Wollen Sie nach dem Wagen schicken?	Vil de sende Bud efter Vognen?	Vil Di senna Bodd ette Vouninj?
Gedenken Sie morgen nach Nexö zu gehen?	Har De i Sinde at tage til Nexö i Morgen?	Ajtar Di aa tå te Nejse i Mårn?
Ich bin gesonnen um halb zwölf zu fahren.	Jeg har i Sinde at kjöre Klokken halv tolv.	Ja hâr teinjt aa kjöra Klokkan hal tål.
Ich fürchte, es wird zu spät werden.	Jeg er bange, det vil blive for sent	De vil blé for sént, e jå baange for.
Darf ich Sie begleiten?	Maa jeg le sage Dem?	Maa jâ tå mé Dom?
Es wird mir ein besonderes Vergnügen sein.	Det vil være mig en meget stor Fornöjelse.	De ska værra mej en rèkti stor Fornöjelse.
Ich will weder reiten noch fahren, ich will gehen.	Jeg vil hverken ride eller kjöre, jeg vil gaa.	Jâ vil hvarken rîa èilje kjöra, jâ vil gaa.
Er hat hübsche Pferde und einen schönen Wagen.	Han har smukke Heste og en dejlig (rar) Vogn.	Hainj hâr nonna dejlia Hesta aa éinj râr Voun.
Ich wollte gern N. N. besuchen, welchen Weg soll ich gehen?	Jeg vilde gjerne besöge N. N., hvilken Vej skal jeg gaa?	Jâ skuilje gjerna besöja N. N., hva Vej ska jå gaa?
Erst gehen Sie geradeaus, dann drehen Sie nach Osten, bis Sie an ein kleines Haus kommen, dann führt der Weg nach Süden, und dann werden Sie sich dicht vor dem Hofe befinden	Först gaar De lige frem, derpaa drejer De mod Öst, til De kommer til et lille Hus, saa gaar Vejen mod Syd, og saa vil De befinde Dem lige foran Gaarden.	Fost gaar De lèja fram, aa saa ska Di drejs österpaa,*) te Di kommer te et lidet Hus, saa gaar Vèinj sönnerpaa, aa saa kommer Di lèje te Gaarinj.
Er wohnt diesseits des Weges, ich wohne jenseits.	Han bor paa denne Side af Vejen, og jeg bor paa den anden Side.	Hainj bor paa dèinja Sijan Vèinj, aa jâ bor paa dèinj anra Sijan.
Vor dem Hofe ist ein Platz, welcher mit Bäumen umgeben ist.	Foran Gaarden er der en Plads, der er omgiven med Traer.	Foran Gaarinj e der éinj Plâs mê Træ rundtenom.
Wie weit erstreckt sich Ihr Feld?	Hvor langt strækker Deres Mark sig?	Hvor lånt ræikjer Dorres Jord?
Ist es weit von hier?	Er det langt herfra?	E'd lånt herfraa?
Nicht sehr weit.	Ikke meget langt.	Inte vidre lånt.
Wollen Sie mich morgen früh um sechs Uhr wecken?	Vil De vække mig i Morgen tidlig Klokken sex?	Vil Di kailja paa mej i Mårn tilia Klokkan sex?

Können Sie mir die neuesten Zeitungen verschaffen?	Kan De forskaffe mig de nyeste Aviser?	Kainj Di skaffa mej di nyeste Aaviserna?
Wollen Sie meinen Rock zum Schneider schicken?	Vil De sende min Frakke til Skrædderen?	Vil Di sjikka min Frak te Skriddarinj?
Ist ein Wirthshaus (Hotel) hier in der Nähe?	Er der et Værtshus (Hotel) her i Nærheden?	E der et Værshus (Hotel) her i Nerhedinj?
Ja, wir werden bald eins erreichen.	Ja, vi ville snart naa et.	Ja, vi komma snårt te et.
Im Augenblick. (Gleich.)	Om et Öjeblik.	Paa Öjablikked.
Wie heisst der Wirth?	Hvad hedder Værten?	Hva heder Værtinj?
Wird man dort gut bewirthet?	Bliver man godt bewærtet der?	Bier Einj godt opvartad der?
Sprechen Sie Deutsch?	Kan De tale tysk?	Kainj Di**) snakka Tyscht?
Ja, ein wenig, aber sehr schlecht.	Ja, lidt, men det er kun daarligt.	Ja, et Grån, men de e møst sjit.
Wo haben Sie mein Gepäck gelassen?	Hvor har De gjort af mit Töj?	Hvor har Di gjort aa mit Töj?
Ich möchte gern meine Wäsche gewaschen haben.	Jeg vilde gjerne have mit Linned vasket.	Ja skuilje gjerna hå vaskad mit Fintöj.
In welcher Strasse liegt das Posthaus?	I hvilken Gade ligger Posthuset?	I hvikken Gåda ligjer Posthused?
Wo wohnt der Barbier?	Hvor bor Barberen?	Hvor bor Balberinj?
Wollen Sie mir etwas zu essen (trinken) geben?	Vil De give mig noget at spise (drikke)?	Vil Di gje mej nåd aa spisa (drikka)?
Wie viel kostet ein Glas Milch (Bier)?	Hvad koster et Glas Mœlk (Öl)?	Hva kostar et Glås Milk (Öl)?
Wollen Sie mir ein Glas Bier geben (verkaufen)?	Vil De give (sælge) mig et Glas Öl?	Vil Di gje (sælla) mej et Glås Öl?
Wo kann man Früchte kaufen?	Hvor kan man faa Frugt at kjöbe?	Hvor kainj inj fåa Frogt aa Bjövva?
Wollen Sie Wein oder Punsch haben?	Vil De have Vin eller Punsch?	Vil Di hå Vin öllje Pons?
Keins von beiden, ich nehme am liebsten Wasser.	Ingen af Delene, jeg tager helst Vand.	Injed aa'd, ja tår heist Van.
Welche Fische essen Sie am liebsten?	Hvad Slags Fisk holder De mest af?	Hva Slavs Fisk lier Di bedst?
Das kann ich eben nicht sagen.	Det kan jeg just ikke sige.	Do kainj ja jöst inte sej.

*) Man sagt niemals im Bornholmischen wie im Dänischen: til höjre und til venstre (rechts — links), sondern: nord paa (nach Norden) u. s. w.
**) Oder Ni wie im Schwedischen.

Deutsch.	Dänisch.	Bornholmisch.
Essen Sie gern Hering?	Holder De af Sild?	Kainj Di li Silj?
Ich mag gern Hering?	Jeg holder meget af Sild.	Ja kainj godt li Silj.
Ich habe vorzügliches Rindfleisch auf dem Markte gekauft.	Jeg har kjöbt udmærket Oxekjöd paa Tovet.	Ja har kjövt dailit Oxakjöd paa Torred.
Wie viel haben Sie für diesen Wein, Kuchen, Rock gegeben?	Hvormeget har De givet for denne Vin? Kage? Frakke?	Hvormejed hår Di gjed for dèinja Vin? Kågan? Frakkinj?
Wie viel Öre hat eine Krone?	Hvormanger Öre er der paa en Krone?	Hvormaanga Öra e der paa en Krona?
Wann wollen Sie frühstücken?	Naar vil De spise Frokost?	Naar vil Di hå Mårmaal?
Ich möchte gern zu Mittag essen, ehe ich nach Rönne gehe.	Jeg vilde gjerne spise til Middag, för jeg skulde afsted til Rönne.	Ja vilje gjerna hå Middesmåd, forrinj jå skulje astå te Rönna.
Wann soll ich den Brief absenden?	Naar skal jeg afsende Brevet?	Naar skal jå sjikka Breved astå?
Das Dienstmädchen (der Knecht, der Aufwärter) hat meine Kleider schlecht gebürstet.	Tjenestepigen (Karlen, Opvarteren) har börstet mine Kleder daarligt.	Pajan (Dréinj) hår bostad mina Kler sjit.
(Sie) er sagt, (sie) er habe sie nicht besser bürsten können.	Hun (han) siger, at hun (han) ikke kunde börste dem bedre.	Hun (hainj) sejer, a hun (hainj) inte kuinje faa dom bère.
Wieviel geben Sie einem Knecht (einer Magd) Jahreslohn?	Hvormeget giver De en Karl (en Pige) om Aaret?	Hva gjér Di éinj Dréinj (eu Paja) om Aared?
Wollen Sie zu dem Kaufmanne schicken?	Vil De sende Bud til Kjöbmanden?	Vil Di senna Bodd te Kjöbmmainj?
Ist Jemand hier gewesen um nach mir zu fragen?	Har her været Nogen og spurgt efter mig?	Hår her vad Nåinj aa sport ette mej?
Jemand wünscht mit Ihnen zu sprechen.	Der er Nogen, som önsker at tale med Dem.	Der e Nåinj, som gjerna vilje snakka mè Dom.
Ich freue mich auf die Ferien.	Jeg glæder mig til Ferien.	Ja glær mej te Firian.
Ich auch.	Jeg ogsaa.	Ja mè.
Ich bleibe vorläufig hier in der Stadt.	Jeg forbliver foreløbig her i Byen.	Ja blér her i Böinj for de fosta.
Wann haben Sie ihn gesehen?	Naar har De set ham?	Naar hår Di sètt hannem?
Vor vierzehn Tagen.	For fjorten Dage siden.	For fjoartan Då sin.
Mitunter.	En Gang imellem.	Einj Gang imellem.
Alle Tage, alle Jahre.	Hver Dag, hvert Aar.	Hver Då, hvert Aar.
Ich sehne mich sehr nach der Heimath.	Jeg længes meget efter Hjemmet.	Ja laintar saa hjim.

107

German	Danish	Dialect
Ich hätte mich beinahe der Reise ganz begeben.	Jeg havde næsten ganske opgivet at rejse.	Ja hadde mest rént begjed Rajsan.
Kommen viele Reisende hierher?	Komme mange Rejsende her?	Komma her maanga Rejsenes?
Ja, zu Zeiten.	Ja, undertiden.	Ja, somma Tier.
Er reist mit Frau und Kindern.	Han rejser med Kone og Börn.	Hainj rejser mê Konna aa Belle.
Wann glauben Sie, dass wir wieder nach Hause kommen?	Naar tror De, vi kunne være hjemme igjen?	Naar troer Di, vi kainj varra hjemma ijen?
Endlich und zuletzt.	Langt om længe.	Lånt om læinje.
Meine Uhr geht vor.	Mit Uhr gaar for stærkt.	Min Klokka gaar for house.
Die meinige geht nach.	Mit gaar for langsomt.	Mit gaar for sént (oder bågette).
Es hat heute Nacht sehr stark geregnet.	Det har regnet stærkt i Nat.	De hår rejnad éinj hillu i Nat.
Wie ist das Wetter heute?	Hvorledes er Vejret i Dag?	Hvôddan e Væred i Då?
Es ist sehr kalt, Regen und Schnee wie im Herbst oder im Winter.	Det er stærkt Slud, som om det kunde være silde paa Efteraaret eller om Vinteren.	De e rèitit Båsvær, som de kuinje varra lånt hen paa Fischkjed élje om Vinterinj.
Wir werden gewiss ein Gewitter bekommen.	Vi faa vist Torden.	Vi faa vist Torden.
Wir werden gewiss einen wahren Platzregen bekommen.	Vi faa vist en ordentlig Skylle.	Vi faa nok et rèitit Blåg.
Nein, nun binden Sie mir etwas auf!	Nej, nu binder De mig noget paa Ærmet!	Nej, nu biljar Di mej nåd inj!
Wie meinen Sie?	Hvad mener De?	Hva mener Di?
Wie beliebt?	Hvad behager?	Hva? — Hva så Di?
Geben Sie mir nun einen guten Rath!	Giv mig nu et godt Raad!	Gje mej nu et godt Raa!
Wie heissen Sie?	Hvad hedder De?	Hva heder Di?
Wie heisst das auf Dänisch?	Hvad hedder det paa Dansk?	Hva heder ded paa Dansk?
Wo werden wir diesen Abend zubringen?	Hvor skulle vi tilbringe Aftenen?	Hvor ska vi gaa hen i Autan?
Wollen Sie mir diesen Gefallen thun?	Vil De gjöre mig den Tjeneste?	Vil Di gjorra mej dèinj Tjenesten?
Wie viel bin ich Ihnen schuldig?	Hvormeget er jeg Dem skyldig?	Hva e jâ Dom sjyldi?
Frage ihm, ob er es weiss!	Spörg ham, om han ved det!	Spor inj, om hainj vided!
Ich habe einen Brief für Sie.	Jeg har et Brev til Dem.	Ja hår et Brev te Dom.

Deutsch.	Dänisch.	Bornholmisch.
Haben Sie vor Kurzem an ihn geschrieben?	Har De for nylig skrevet ham til?	Hár Di' skrivved te'inj for nylia?
Sind sie ausgegangen?	Ere de gaaet ud?	E di udgaana?
Ich weiss nicht, wohin sie gegangen sind.	Jeg ved ikke, hvor de ere gaaede hen.	Já vid inte, hvor di e hengaana.
Ist Ihr Bruder zu Hause?	Er Deres Broder hjemme?	E Dorres Broer hjimma?
Er ist so eben ausgegangen, aber mein Vater ist zu Hause.	Han gik nylig ud, men Fader er hjemme.	Hainj gikj ud iaans, men Fár e hjimma.
Wo ist er?	Hvor er han henne?	Hvor e hainj henna?
Er ging (war) im Garten.	Han gik ud i Haven.	Hainj gjikj a Havainj.
Ich bin heute bei Herrn N. N. zu Mittag eingeladen worden.	Jeg er bleven inviteret til Middag i Dag hos N. N.	Já e bléd béinj te Midda i Dá hos N. N.
Womit verbringt er die Zeit?	Hvormed tilbringer han Tiden?	Hvs faar hainj Tiden te aa gaa mè?
Was thun Sie nach dem Abendessen?	Hvad bestiller De efter Aftensbordet?	Hva sjydder Di, naar Di hár faaed Autansmád?
O, wir lesen oder plaudern ein wenig, und dann gehen wir zu Bett.	Aa, vi læse eller passiare lidt, og saa gaa vi til Sengs.	Aa, vi læsan èilje possiaran lid, aa saa gaa vi te Séinjs.
Sie kommen sehr gelegen.	De kommer rigtig tilpas.	Die kommer rèiti tepas.
Nehmen Sie gefälligst Platz!	Behag at sætte Dem ned!	Var saa go aa sid!
Es ist so amüsant vor dem Fenster zu sitzen und die vielen Menschen zu sehen, die vorübergehen.	Det er saa morsomt at sidde ved Vinduet og se de mange Mennesker at gaa forbi.	De e saa morsæmt aa sidda ver Vinjued aa se di maange Mèinjesken aa gaa forbi.
Ich kam sehr ungelegen.	Jeg kom meget utilpas.	Já kom rèiti pas tvars.
Es gefällt mir nicht.	Det holder jeg ikke af.	De behavar já'nte.
Es war ganz wider meinen Willen.	Det var ganske imod min Villie.	De va ganske imod min Vilja.
Ich konnte mich des Lachens nicht erwehren.	Jeg kunde ikke baro mig for at le.	Já kuinje ikje hoilja mej for aa grina.
Glauben Sie, dass das angeht?	Troer De, at det gaar an?	Troer Di, a de kainj gas an?
Ich werde es Ihretwegen thun.	Jeg vil gjöre det for Deres Skyld.	Já vil gjorra'd for Dorres Sjyilj.
Meinetwegen!	For mig gjerne!	For mej gjerna!
Ich bin es zufrieden.	Jeg er tilfreds dermed.	Já e tefris.
Lassen uns zusammen gehen!	Lader os fölges ad?	La vos fölles ad!
Es ist mir sehr daran gelegen.	Det er mig meget magtpaaliggende.	De e mej mejed om aa gjorra.

| | | 109 |

German	Danish	Dialect
Sie irren sich.	De tager fejl.	Di tär fejl.
Das Buch ist gewiss vergriffen.	Bogen er vistnok udsolgt.	Bogen e nok udsaalt.
Viele Schiffe leiden hier Schiffbruch, besonders im Winter.	Mange Skibe lide Skibbrud her især om Vinteren.	Maanga Sjev gjor Vråg her iser om Vinterinj.
Wie befindet sich Ihre Schwester?	Hvorledes, befinder Deres Söster sig?	Hvöddan hår Dorres Söster ed?
Sie (er) ist plötzlich krank geworden.	Hun (han) blev pludseelig syg.	Hon (hainj) blessa horti sjŏg (sjŭger).
Ist der Arzt geholt worden?	Er Lægen bleven hentet?	Hår Di hent Doktarinj?
Sie ist sehr erkältet.	Hun er meget forkjölet.	Hon e mejed forkjöld.
Seine Gesundheit ist nicht wie früher.	Hun har ikke den Helbred som forhen.	Hon hår inte dëinj Helbrén som forra.
Ich genas sehr schnell.	Jeg kom mig meget snart.	Jå kom mej ëinj héilj hortit.
Ich bin jedoch mit heiler Haut davon gekommen.	Jeg slap dog helskindet derfra.	Jå slap livel mě hélt Sjinj.
Der Knabe spielte mir einen schlimmen Streich.	Drengen spillede mig et slemt Puds.	Horrinj pussada mej rëite.
Aller Anfang ist schwer.	Al Begyndelse er vanskelig.	I Fostninjen e'd altid svert.
Lust und Liebe zum Dinge, machen Mühe und Arbeit geringe.	Lysten driver Værket.	Lysten driver Varkjed.
Verschiedene Theile unseres Körpers: der Kopf, die Stirne, der Nacken, die Haare, die Augen, die Nase, die Ohren, die Wangen, den Mund, die Zunge, die Zähne, der Hals, die Brust, der Rücken, die Schultern, die Arme, die Hände, die Finger, die Nägel; der Magen, die Füsse, die Zehen; der Magen, das Blut, die Adern, das Fleisch, die Knochen, die Haut, das Herz, die Lungen.	Forskjellige Dele af vort Legeme: Hovedet, Panden, Nakken, Haaret, Öjnene, Næsen, Ōrerne, Kinderne, Munden, Tungen, Tænderne, Halsen, Brystet, Ryggen, Skuldrene, Armene, Hænderne, Fingrene, Neglene, Benene, Födderne og Tæerne; Maven, Blodet, Aarerne, Kjödet, Benene, Huden, Hjertet, Lungerne.	Forsjillia Dela aa vor Krov: Houd, Painjan, Nakkainj, Haared, Iven, Næsan, Örn, Kjæutana, Muinj, Tungan, Tænnarna, Halsinj, Brysted, Ryggin, Skollrana, Armana, Hænnarna, Fingrana, Nejlerne, Ben, Foddarna aa Tærna, Mavainj, Bloinj, Aarerne, Kjöd, Bén, Sjinjed, Hjartad, Lungerna.